Monika und Udo Tworuschka
Der Koran und seine umstrittenen Aussagen

W0265644

Monika und Udo Tworuschka

Der Koran und seine umstrittenen Aussagen

PATMOS

Die Deutsche Bibliothek – CIP-Einheitsaufnahme

Ein Titeldatensatz für diese Publikation ist bei
Der Deutschen Bibliothek erhältlich.

© 2002 Patmos Verlag GmbH & Co. KG, Düsseldorf
Alle Rechte, einschließlich derjenigen des auszugsweisen
Abdrucks sowie der fotomechanischen und elektronischen
Wiedergabe, vorbehalten.
Satz: Fotosatz Moers, Mönchengladbach
Druck: Clausen & Bosse, Leck
ISBN 3-491-70352-2

Inhalt

Vorwort

Die entsetzlichen Ereignisse in den USA haben die Aufmerksamkeit der Medien auf den Islam gelenkt. Das war schon in vergangenen Krisensituationen so: bei Khomeinis Fatwa anlässlich der »Satanischen Verse« von Salman Rushdie, beim Golfkrieg. Heute jedoch scheint sich etwas Entscheidendes verändert zu haben. Zumindest Teile der Medien sind sensibler geworden. Die manichäische Gleichung »zivilisierter Westen« gegen »unzivilisierten Islam« ist von manchen engagierten Journalisten, nicht selten aus dem kirchlichen Bereich, als zu simples Zerrbild entlarvt. Eins haben die Anschläge jedenfalls nicht erhärtet: die These vom angeblichen »clash of civilisations« (Samuel Huntington). Man weiß: Die Terroristen stehen nicht einfach synonym für *die Muslime*. Ja, sie repräsentieren nicht einmal eine schlechte Spielart derselben. Viele Muslime, aber auch Nicht-Muslime sprechen den Terroristen rundweg ihr Muslimsein ab. Aus guten Gründen: Bei der Katastrophe in den USA haben Verbrecher eine Religion instrumentalisiert. Gleichwohl: Bei ihren Terroraktionen berufen sie sich auf den Islam und auf dessen heilige Schrift: den Koran.

Ist der Koran ein Handbuch für Terroristen? Legitimiert diese Schrift aus dem 7. Jahrhundert n. Chr. Mord, Totschlag und Krieg? Das Heilige Buch der Muslime ist für viele immer noch ein weitgehend unbekanntes Buch, so wie der Islam immer noch eine für viele weitgehend unbekannte Religion darstellt. Der Koran gilt als fanatisierendes Glaubensdokument, das zum Kampf gegen die »Ungläubigen« aufruft. Soll nicht im Namen des Korans der Islam »mit Feuer und Schwert« ausgebreitet werden? Nicht nur früher, sondern auch heute verstärkt wieder? Manche halten den Koran für ein Gesetzbuch. Es sanktioniert unmenschliche Strafen, gehört eher in ein »finsteres Mittelalter« als in unser aufgeklärtes 21. Jahrhundert. Der Koran gilt als eine Sammlung von Paragraphen, dem BGB vergleichbar. Viele halten den Koran für ein Dokument der Unfreiheit. Das Heilige Buch der Muslime lähme die Eigeninitiative der Muslime, da ohnehin alles bis ins Einzelne vorgeschrieben und vorherbestimmt sei. Alles in allem: Der Koran erscheint vielen als ein bedrohliches Buch. Die Einstellung zahlloser Menschen diesem Buch gegenüber ist angstbesetzt. Doch zugleich lockt der Reiz des Exotischen.

Wir haben zu den wichtigen Themen des Islam die wichtigsten Korantexte ausgesucht und zusammengestellt und uns unter Berücksichtigung der arabischen Originaltexte an verschiedene Übersetzungen angelehnt.

Die Einleitungen sollen dazu beitragen, die Texte besser zu verstehen. Wer Texte auswählt, in neue Zusammenhänge stellt, wer Texte bearbeitet, mit Einleitungen und Überschriften versieht usw., gibt unweigerlich eine Verstehensrichtung vor, die zu einer spezifischen Rezeptionsweise einladen will. Durch die Kombination von originalen Korantexten, die aus ihren ursprünglichen literarischen Kontexten gerissen und eventuell stark gekürzt sind, kann man eine Tradition verfälschen. Dies sei als hermeneutische Warnung vorausgeschickt. Die Autoren dieses Buches sind sich dieser Gefahr bewusst. Doch ihre jahrelangen freundschaftlichen Beziehungen zu Muslimen, vor allem zu dem unvergesslichen und – wie wir heute so schmerzlich feststellen – unersetzlichen Prof. Dr. Abdoldjavad Falaturi (1926–1996) haben sie sensibel genug gemacht für einen sowohl respektvollen wie kritischen Umgang mit dem Heiligen Buch der Muslime.

Monika und Udo Tworuschka *im Oktober 2001*

Teil 1: Mohammed und der Koran

Mohammed, der Überbringer des Korans

Wer war Mohammed? Verschiedene Antworten sind auf diese Frage möglich, je nachdem, aus welchem Blickwinkel man fragt. Die Antwort eines Muslim, der existentiell von Mohammed betroffen ist, ist fraglos eine andere als die eines Christen. Für die rund eine Milliarde Muslime auf aller Welt, deren gemeinsamer Glaube sich an Mohammed und seiner Botschaft orientiert und die ihr tägliches Leben daran ausrichten, ist Mohammed mehr als nur »Objekt der Geschichte«. Er ist vielmehr »Gegenstand des Glaubens« und einer tiefen, von vielen Christen weitgehend unbeachtet gebliebenen und unverstandenen Verehrung. Mohammed ist für Muslime der »Gesandte« und »Prophet« des einen und einzigen Gottes.

Wenn Christen vom »Propheten Mohammed« sprechen, so drückt diese Bezeichnung bereits etwas anderes aus als bei den Muslimen. Vom »Propheten« Mohammed zu sprechen bedeutet dann einfach, diese weltgeschichtliche Persönlichkeit einzureihen in den Kreis anderer großer religiöser Autoritäten. Das Bild, das *Christen* von Mohammed haben, ist nicht auf einen gemeinsamen Nenner zu bringen. Auf der einen Seite plädieren Theologen, wie etwa der katholische Gelehrte Hans Küng und der protestantische Theologe Paul Schwarzenau, dafür, Mohammed *theologisch* als »Propheten« anzuerkennen, ihm also einen Platz in der erlauchten Reihe biblischer Propheten zu gewähren. Anderseits sieht die »Konferenz Bekennender Gemeinschaften in den evangelischen Kirchen Deutschlands« zusammen mit der »Arbeitsgemeinschaft Evangelikaler Missionen« den Islam als »endzeitliche christliche Verführungsmacht«, als

»ein Gericht Gottes über eine Christenheit, die sich vielfach vom biblischen Evangelium entfernt hat«. Auch wenn er nicht eigens genannt wird, so erscheint Mohammed von dieser Position aus, die eine lange Traditionsgeschichte hat, als falscher Prophet. Wie dissonant die westlich-christlichen Stimmen über Mohammed auch klingen mögen – fest steht, dass der Stifter des Islam eine der bedeutendsten, faszinierendsten Gestalten der Religionsgeschichte ist. Sein aufrichtiges Anliegen, seine tiefen religiösen Erfahrungen, sein Engagement angesichts der religiösen und sozialen Missstände seiner Zeit bedürfen keiner besonderen Hervorhebung. Dass der Philosoph Karl Jaspers ihn nicht zu den »maßgebenden Menschen« rechnet, ist ein bedauerliches, wohl nur aus dem damaligen Zeitgeist zu erklärendes Missverständnis.

Wer war nun dieser »Gepriesene Gottes«? Ein einsamer Rufer in der Wüste war der Städter und Händler Mohammed ganz ohne jeden Zweifel nicht. Mohammed verstand sich als Rasul Allah (»Gesandter Gottes«), der den Menschen (in aller Welt) aus Barmherzigkeit den Koran zur Rechtleitung brachte, so wie vor ihm andere Gesandte ihren jeweiligen Völkern heilige Schriften übergeben hatten. Mohammed ging von der Verwandtschaft der drei »Abrahamsreligionen« (Judentum, Christentum, Islam) aus, stellte sich in die Reihe der früheren Propheten (Adam, der Erwählte Gottes; Noah, der Prophet Gottes; Abraham, der Freund Gottes; Moses, das Wort Gottes; Jesus, der Geist Gottes). Mohammed selbst verstand sich als »Siegel«, d. h. als Abschluss der Propheten.

Was wissen wir von Mohammed?

Schauplatz der Entstehung des Islam war eine Siedlung des Hedjaz, eine Landschaft im Westen Saudi-Arabiens. Der islamische Gelehrte Mohammed Hamidullah beschreibt das Ursprungsgebiet des Islam. Dabei greift er geographisches Material auf, um dieses mit seinen Vorstellungen von der göttlichen

Vorsehung zu verknüpfen: »Im Mittelpunkt dieses Gebietes war das Dreieck Mekka–Taif–Medina in gewisser Weise von der Vorsehung auserwählt: Mekka, wüst und von jeder Landwirtschaft entblößt, repräsentierte dem geographischen Charakter nach Afrika und seine brennende Sahara; kaum 60 Kilometer davon entfernt, verkörperte Taif Europa und seinen Frost; der äußerste Norden, Medina, war nicht weniger fruchtbar als die mildesten asiatischen Bezirke in Syrien oder anderswo. Wenn das Klima irgendwelchen Einfluss auf den menschlichen Charakter hat, dann war dies Dreieck im Mittelpunkt der ›größeren Hemisphäre‹ ein Abbild des ganzen Erdballs wie kein anderes Gebiet irgendwo auf Erden – eine Miniatur-Welt in ihrer ganzen Mannigfaltigkeit. Und als Nachkomme Abrahams, der aus Babylonien gekommen war, und der Ägypterin Hagar war Mohammed ein Mekkaner und hatte zugleich Oheime mütterlicherseits in Medina und Taif.«

Mekka war zur Zeit des 6. Jahrhunderts auf der arabischen Halbinsel ein wichtiges Handelszentrum. Es lag auf der »Weihrauchstraße«, die sich von Südarabien bis Syrien zog. Der Aufstieg Mekkas war zugleich mit dem wirtschaftlichen und politischen Abstieg des Jemen verknüpft. Trotz der politischen und kulturellen Randlage hatte religiöses Gedankengut aus Palästina, Syrien und dem Irak bei der grenznahen Bevölkerung gewissen Anklang gefunden und war von dort aus teilweise nach Innerarabien gedrungen. Unsere Kenntnisse der *religionsgeschichtlichen* Zustände in der damaligen Zeit sind nicht besonders gut. Es herrschte *Polytheismus.* Die Existenz mehrerer großer, persönlicher, nach ihren Funktionen abgrenzbarer Gottheiten war bekannt. Darüber hinaus war der Glaube an Geister (Djinnen) verbreitet, die in Kollektiven auftraten und ihren Wohnort in der Wüste sowie in unzugänglichen, aber auch fruchtbaren Gegenden hatten. Sie wurden für Krankheiten verantwortlich gemacht, riefen Wahnsinn hervor, inspirierten Wahrsager, Dichter und Musiker.

Unter den verschiedenen Göttern nahm Allah (»der Gott«) als Hochgott eine Sonderstellung ein. Monotheismus (Eingottglaube) war jedoch kaum verbreitet. Zwar galt Allah als der eine Weltgott, im Alltag hielt man sich aber an die zahlreichen Stammesgötter. Daneben gab es die so genannten Hanifen, die altarabischen Gottessucher, die den althergebrachten Glauben weitgehend ablehnten, sich zum Monotheismus bekannten, jedoch nicht zum Juden- oder Christentum übertraten.

In Mekka galt ein schwarzer Stein als besonders heilig, der in die Außenwand der Kaaba, eines würfelförmigen Gebäudes, eingemauert ist. Dorthin fanden zweimal im Jahr Wallfahrten statt, die von Festen und Jahrmärkten begleitet waren. Da während der Wallfahrten Gottesfriede herrschte, konnten die Pilger in dieser Zeit ungestört Handel treiben und Kontakte pflegen. Die Mekkaner profitierten aus dieser Situation und den weit gespannten Handelsbeziehungen.

Das Leben außerhalb der Städte wurde von der beduinischen Lebensform geprägt. Die Nomaden wechselten auf Grund der wasserarmen Weidegebiete häufig ihr Standquartier. Der Einzelne fühlte sich eng an seine Sippe und darüber hinaus an seinen Stamm gebunden, in denen ein stark ausgeprägtes Solidaritätsgefühl herrschte. Das Individuum genoss innerhalb des Stammes absoluten Schutz, selbst wenn es einen Totschlag beging, musste aber auch seinerseits für seine Stammesbrüder einstehen. Außerhalb des Stammesbereiches herrschte Kriegszustand oder Waffenstillstand. Manchmal fanden sich auch Stämme zu einem größeren Bündnis zusammen, sodass sogar zeitweilig Frieden einkehrte. Innerhalb der Familie verkörperte der Vater die unumstrittene Autorität, innerhalb der Sippe und des Stammes der Sayyid oder Scheich, der eine Führerpersönlichkeit aus einer angesehenen Familie mit reiner Abstammung sein, für die Armen sorgen und Gastfreundschaft gewähren musste. In Mekka sah die Situation trotz der Sesshaftigkeit der Bevölkerung nicht grundsätzlich anders aus. Hier lebten verschiedene Sippen und Unterstämme der Quraish, welche die Kaaba verwalteten, sich um die zahlreichen Scharen der Pilger kümmern mussten, für die Sicherheit der Karawanenstraßen Sorge trugen und Handelsgeschäfte unternahmen.

In diese Umwelt wurde Mohammed als Mitglied der weniger wohlhabenden, aber angesehenen Sippe der Hashimiten vom Stamme der Quraish im Jahre 570 n. Chr. geboren. Mohammeds Vater Abdallah starb noch vor der Geburt seines Sohnes, die Mutter Amina, als er sechs Jahre alt war. Mohammed wurde kurze Zeit von seinem Großvater Abd al-Muttalib erzogen, dann von seinem Onkel Abu Talib. Die ersten Lebenserfahrungen Mohammeds werden in Sure 93,6–11 (s. S. 20) reflektiert. Mit 25 Jahren lernte Mohammed die wohlhabende und wesentlich ältere Kaufmannswitwe Chadidja kennen. Sie vertraute ihrem neuen Geschäftspartner auf ausgedehnten Handelsreisen nach Syrien ihr Kapital an, höchstwahrscheinlich unter der Maßgabe, dass die Gewinne anteilmäßig entsprechend ihrem Kapital und der Leistung Mohammeds aufgeteilt würden. Diese Form der Geschäftsverbindung war in der arabischen Gesellschaft sehr gebräuchlich. Mohammeds Fähigkeiten, seine Aufrichtigkeit und sein gesellschaftliches Ansehen brachten ihm die Achtung Chadidjas ein, die dem Fünfundzwanzigjährigen ihren Ehewunsch antrug. Aus dieser Ehe gingen zwei Söhne, die als Kinder starben, und vier Töchter (Zainab, Umm Kulthum, Ruqaiya und Fatima) hervor. Auf die jüngste Tochter Fatima (geb. 605 n. Chr.) gehen alle Nachkommen Mohammeds zurück. In Mekka war Mohammed als al-Amin (arab. »der Zuverlässige, der Treue«) bekannt. Chadidja hielt auch zu ihrem Mann, als er selber und andere ernsthafte Zweifel an der Echtheit seiner Offenbarungen hegten.

Der Wendepunkt in Mohammeds Leben trat 610 ein. Periodisch zog sich Mohammed zu einsamen Andachtsübungen am Berg Hira zurück. Ein himmlischer Bote beauftragte ihn: »Stehe auf und warne!« Die Menschen sind von Gott abgefallen, das Jüngste Gericht steht bevor. Nach diesem Erlebnis kamen die Offenbarungen regelmäßig zu Mohammed. Bald darauf begann er seine mekkanischen Mitbürger zu ermahnen und sie vor dem baldigen Gericht Gottes zu warnen. Mohammeds Auftreten wirkte auf seine Umgebung so außergewöhnlich, dass man behauptete, er sei madjnun (»besessen«). Das arabische Wort enthält die Wurzel Djinn/Djann, das die Geister und Dämonen, die Djinnen, bezeichnet. Hauptinhalte seiner Predigt waren der Glaube an den barmherzigen Schöpfergott und sein Aufruf zu einem besseren Lebenswandel. Die Botschaft fand zunächst wenig Anklang. Erste Anhänger waren Chadidja und sein junger Vetter Ali. Anschließend folgten jüngere Leute aus vornehmen, teils auch aus weniger einflussreichen Familien. Auch Angehörige der unteren sozialen Schichten (freigelassene Sklaven) schenkten ihm Gehör. In den Folgejahren nahm der Widerstand in Mekka derart zu, dass Mohammed eine Gruppe von Muslimen 615 nach Äthiopien auswandern ließ, damit sie bei dem dort herrschenden christlichen König Schutz fänden. Der Hauptgrund für die Ablehnung Mohammeds ist in der wichtigen Rolle der Stadt Mekka zu sehen, die Handelsmetropole und religiöses Zentrum war. Mohammeds Predigt bedrohte den Polytheismus und die Wallfahrtsfeste, die den führenden Familien wirtschaftliche Vorteile brachten.

Nach der Rückkehr aus Äthiopien nahmen die Verfolgungen in Mekka noch größere Ausmaße an. Die Mekkaner bestritten die Echtheit von Mohammeds göttlicher Sendung, warfen ihm vor, nur ein Dichter zu sein, unter dem Einfluss von Djinnen zu stehen. Als die Lage in Mekka unerträglich wurde, siedelte der Prophet auf die Aufforderung einiger Stämme hin, die einen Friedensrichter suchten, im Jahre 622 n. Chr. nach Yathrib über, das spätere Madinat an-Nabi (»Stadt des Propheten«), Medina. 622 ist das Jahr der Hidjra (»Auswanderung«). Es wurde zum Beginn der islamischen Zeitrechnung. Nachdem Mohammed die beiden sich befehdenden Stämme vereint hatte, bekannte sich die Bevölkerung rasch zu seiner neuen Lehre. Nur die Bekanntschaft mit den Juden verlief negativ, da sie nicht von der von Mohammed behaupteten Übereinstimmung der beiden Religionen überzeugt waren.

Die *medinensische* Phase zeigt Mohammed weniger als religiös inspirierten Gerichtsprediger und Botschafter eines neuen Glaubens, sondern als Staatsmann und Politiker. Mohammeds Ziel bestand darin, die eigenen Anhänger in die Gesamtbevölkerung Medinas zu integrieren. Daher erließ er im Jahre 623 die »Gemeindeordnung von Medina«, in der feierlich proklamiert wurde, dass nun die Gläubigen untereinander Brüder und die Stammesbindungen aufgehoben seien. Diese neue Umma (»Gemeinschaft«) gilt auch heutigen Muslimen als Idealbild eines islamischen Staates, in dem Solidarität, Gerechtigkeit und Brüderlichkeit die höchsten Werte sind.

Die Probleme in Medina machten es erforderlich, dass der Prophet von Anfang an Funktionen wahrnehmen musste, die nach unserem Verständnis in den Aufgabenbereich des Staates fallen. Gewaltanwendung zum Schutz seiner Gemeinde war somit unvermeidlich, da die Muslime andernfalls angesichts der damaligen Raubzüge und Stammesfehden keine Überlebenschance gehabt hätten.

Im Jahre 630 kehrte der Prophet in seine Vaterstadt zurück. Die Mekkaner leisteten angesichts der Übermacht der Medinenser kaum Widerstand. Mohammed zerstörte die »Götzenbilder« in der Kaaba, behandelte die besiegte Bevölkerung jedoch großzügig, sodass viele seiner heftigsten Gegner bald zum Islam übertraten. Im März 632 unternahm Mohammed die erste reformierte Wallfahrt zur neuen heiligen Stadt Mekka. Kurz darauf starb er. Bei der letzten Wallfahrt hielt Mohammed seine Abschiedspredigt (s. S. 21 ff.).

Mohammeds Empfängnis, Geburt und erste Lebensjahre

Ibn Ishaq, Das Leben des Propheten: Die Menschen erzählen, dass zu Amina, als sie den Propheten unter dem Herzen trug, eine Stimme kam, die zu ihr sprach: »Du hast empfangen den Herrn dieses Volkes, und wenn er geboren wird, so sprich: ›Ich gebe ihn in die Obhut des Einzigen vor dem Übel eines jeden Neiders!‹ Und nenne ihn Mohammed, der Gepriesene!«

Auch sah sie in der Schwangerschaft, wie ein Licht von ihr ausging, in dem sie die Schlösser von Busra in Syrien erblickte. Nur kurze Zeit nachdem Amina den Propheten empfangen hatte, starb Abdallah, der Vater Mohammeds.

Der Prophet wurde am Montag, dem 17. des Monats Rabi' I. im Jahr des Elefanten, geboren. Nach der Geburt sandte Amina einen Boten zu seinem Großvater Abdalmuttalib und ließ ihm sagen: »Ein Knabe wurde dir geboren. Komm und sieh ihn dir an!« Abdalmuttalib kam und betrachtete ihn. Amina aber erzählte ihm, was sie in der Schwangerschaft gesehen und gehört und welchen Namen ihm zu geben man ihr geheißen hatte. Da nahm Abdalmuttalib den Knaben, brachte ihn in die Ka'ba und betete zu Gott, um Ihm für Seine Gabe zu danken ...

Der Gesandte Gottes lebte bei seiner Mutter Amina und seinem Großvater Abdalmuttalib unter dem Schutze und der Obhut Gottes, der ihn für die Ehre, die Er ihm angedeihen lassen wollte, wie eine schöne Pflanze heranwachsen ließ. Als der Prophet sechs Jahre alt war, starb aber seine Mutter Amina, die Tochter des Wahb. Mohammed blieb bei seinem Großvater Abdalmuttalib.

Diesem hatte man im Schatten der Ka'ba eine Liegestatt aufgestellt, um welche seine Söhne herumsaßen und warteten, bis er jeweils aus der Ka'ba herauskam. Aus Ehrfurcht vor ihm wagte es keiner, sich darauf zu setzen. Nur der Gesandte Gottes kam oft und nahm Platz darauf, obwohl er noch ein Knabe war. Stets versuchten zwar seine Onkel, ihn davon fern zu halten, doch immer, wenn Abdalmuttalib dies sah, sprach er: »Lasst meinen Jungen! Bei Gott, Großes wird mit ihm geschehen.«

Dann pflegte er ihn zu sich auf das Bett zu setzen und ihm den Rücken zu streicheln. Alles, was er ihn tun sah, freute ihn. Als der Prophet acht Jahre alt war, starb aber auch Abdalmuttalib ibn Haschim, und sein Sohn Abbas übernahm den Dienst am Zamzam-Brunnen und das Austeilen des Wassers, obwohl er der jüngste seiner Söhne war. Später bestätigte ihn der Prophet in diesem Amt, welches deshalb bis heute in den Händen der Nachkommen des Abbas liegt.

Nach dem Tode seines Großvaters Abdalmuttalib lebte Mohammed bei seinem Onkel Abu Talib, dessen Fürsorge ihn Abdalmuttalib empfohlen hatte, da Abdallah, der Vater des Propheten, und Abu Talib sowohl von ihres Vaters wie von ihrer

Mutter Seite Brüder waren. So sorgte fortan Abu Talib für den Propheten, der völlig von ihm aufgenommen wurde.

Mohammeds Berufung

Ibn Ishaq, Das Leben des Propheten: Als Mohammed vierzig Jahre alt war, sandte ihn Gott aus Mitleid mit der Welt und als Verkünder für alle Menschen. Gott hatte mit jedem Propheten, den Er vor ihm sandte, einen Bund geschlossen, an Ihn zu glauben, Zeugnis für Ihn abzulegen und Ihm gegen seine Widersacher zu helfen. Er hatte sie verpflichtet, dies allen weiterzugeben, die an sie glaubten. Sie taten, wie ihnen geheißen wurde (...)

Jedes Jahr zog sich der Prophet im Monat Ramadan in die Einsamkeit zurück, um zu beten und die Armen zu speisen, die zu ihm kamen. Immer wenn er am Ende des Monats nach Mekka zurückkehrte, begab er sich zuerst zur Ka'ba und umschritt sie sieben oder mehr Male. Erst dann ging er nach Hause. Auch in jenem Ramadan, in dem Gott ihn ehren wollte, in jenem Jahr, in dem Er ihn sandte, zog Mohammed wieder mit seiner Familie nach dem Berg Hira, um sich in der Einsamkeit dem Gebet zu widmen. Und in jener Nacht, in der Gott ihn durch die Sendung auszeichnete und sich damit der Menschen erbarmte, kam Gabriel zu ihm.

96, 1–5: Als ich schlief, so erzählte der Prophet später, trat der Engel Gabriel zu mir mit einem Tuch wie aus Brokat, worauf etwas geschrieben stand, und sprach: »Lies!«

»Ich kann nicht lesen«, erwiderte ich.

Da presste er das Tuch auf mich, sodass ich dachte, es wäre mein Tod. Dann ließ er mich los und sagte wieder: »Lies!«

»Ich kann nicht lesen«, antwortete ich. Und wieder würgte er mich mit dem Tuch, dass ich dachte, ich müsste sterben. Und als er mich freigab, befahl er erneut: »Lies!«

Und zum dritten Male antwortete ich: »Ich kann nicht lesen.«

Als er mich dann nochmals fast zu Tode würgte und mir wieder zu lesen befahl, fragte ich aus Angst, er könnte es nochmals tun: »Was soll ich lesen?«

Da sprach er: »Lies im Namen deines Herrn, des Schöpfers, der den Menschen erschuf aus geronnenem Blut! Lies! Und der Edelmütigste ist dein Herr, Er, der das Schreibrohr zu brauchen lehrte, der die Menschen lehrte, was sie nicht wussten.«

Ich wiederholte die Worte, und als ich geendet hatte, entfernte er sich von mir. Ich aber erwachte, und es war mir, als wären mir die Worte ins Herz geschrieben. Sodann machte ich mich auf, um auf den Berg zu steigen, doch auf halber Höhe vernahm ich eine Stimme vom Himmel: »O Mohammed, du bist der Gesandte Gottes, und ich bin Gabriel!« Ich hob mein Haupt zum Himmel, und siehe, da war Gabriel in der Gestalt eines Mannes, und seine Füße berührten den Horizont des Himmels. Und wieder sprach er: »O Mohammed, du bist der Gesandte Gottes, und ich bin Gabriel!« Ohne einen Schritt vorwärts oder rückwärts zu tun, blieb ich stehen und blickte zu ihm. Dann begann ich, mein Gesicht von ihm abzuwenden und über den Horizont schweifen zu lassen, doch in welche Richtung ich auch blickte, immer sah ich ihn in der gleichen Weise. Den Blick auf ihn gerichtet, verharrte ich, ohne mich von der Stelle zu rühren.

Mohammeds Auftrag

7,158: O ihr Menschen, ich bin der Gesandte Gottes an euch alle, dessen das Reich der Himmel und der Erde ist. Es gibt keinen Gott außer ihm; er macht lebendig und lässt sterben. Drum glaubt an Gott und seinen Gesandten …

34,28: Und wir entsandten dich nun zur gesamten Menschheit als einen Freudenboten und Warner, jedoch wissen es die meisten Menschen nicht.

48,8–9: Wir haben dich gesandt als einen Zeugen und Verkünder froher Botschaft und Warner, damit ihr an Gott und seinen Gesandten glaubt, ihm helft und ihn ehrt und ihn morgens und abends preist.

Mohammed, nur ein Gesandter

3,144: Und Mohammed ist nur ein Gesandter. Vor ihm hat es schon Gesandte gegeben.

Mohammed war milde

3,159–164: Und um der Barmherzigkeit Gottes willen warst du milde zu ihnen; wärest du aber grob und hartherzig gewesen, so wären sie dir davongelaufen. Darum vergib ihnen und bitte für sie um Vergebung und ratschlage mit ihnen über die Angelegenheit. Und wenn du entschlossen bist, dann vertraue auf Gott; Gott liebt die auf ihn Trauenden. (…) Huldreich war Gott gegen die Gläubigen, als er unter ihnen einen Gesandten aus ihren eigenen Reihen auftreten ließ, der ihnen seine Zeichen verliest, sie läutert und sie die Schrift und die Weisheit lehrt. Denn sie waren vorher in offenkundigem Irrtum.

Mohammed ist nicht von den Djinnen besessen, kein Dichter oder Wahrsager

7,184: Wollen sie denn nicht bedenken, dass ihr Landsmann nicht besessen ist. Er ist nichts als ein offenkundiger Warner.
68,2: Du bist dank der Gnade deines Herrn nicht besessen. Und du hast Lohn zu erwarten, du bist von edler Natur. Und du wirst sehen, und sie [die mekkanischen Polytheisten] werden sehen, wer von euch einer Prüfung ausgesetzt war.
69,40–42: Er [der Koran] ist die Aussage eines edlen Gesandten, nicht die eines Dichters. Wie wenig gläubig seid ihr!? Auch nicht die Aussage eines Wahrsagers. Wie wenig lasst ihr euch mahnen!?
81,19: Dies [der Koran] ist das Wort eines edlen Gesandten, der begabt ist mit Macht bei dem Herrn des Thrones und in Ansehen steht, dem gehorcht wird und dem man Vertrauen entgegenbringt. Euer Landsmann [Mohammed] ist nicht besessen.

Mohammed wird von den Mekkanern verspottet

25,41 f.: Und als sie dich sahen, trieben sie nur ihren Spott mit dir: »Ist dies der, den Gott als Gesandten entsendet hat? Er hätte uns beinah von unseren Göttern abtrünnig gemacht, wenn wir nicht an ihnen festgehalten hätten.«

Mohammed ist ein »gutes Vorbild«

33,21: In dem Gesandten Gottes hattet ihr ein gutes Vorbild für jeden, der auf Gott und den Jüngsten Tag hofft und oft Gottes gedenkt.

Mohammeds Auftrag

11,12 f.: Vielleicht möchtest du [Mohammed] einen Teil von dem, was dir offenbart wurde, zurückhalten. Und du fühlst dich dadurch bedrückt, dass sie [die mekkanischen Polytheisten] sagen: »Warum ward nicht ein Schatz auf ihn herabgesandt oder kam ein Engel mit ihm?« Du aber bist nur ein Warner, und Gott hat die Macht über alle Dinge. Oder sie sprechen: »Er hat ihn [den Koran] ersonnen.« Sprich: »So bringt doch zehn gleiche Suren her, die ihm gleich und von euch ersonnen sind, und ruft an, wen ihr vermögt, außer Gott, so ihr wahrhaft seid.«
27,91 f.: Mir wurde nichts anderes befohlen, als dem Herrn dieser Ortschaft [Mekka mit der Kaaba] zu dienen, der sie geheiligt hat. Und mir wurde befohlen, den Koran zu verlesen. Und wenn sich einer rechtleiten lässt, tut er dies zu seinem eigenen Vorteil. Wenn jedoch einer irregeht, sprich: »Ich bin nur ein Warner.«
93,6–11: Fand er dich nicht als Waise und nahm dich auf? Und fand dich irrend und leitete dich? Und fand dich arm und machte dich reich? Drum, was die Waise anlangt, unterdrücke sie nicht. Und, was den Bettler anlangt, verstoße ihn nicht, und, was deines Herren Gnade anlangt, verkünde sie.

Gebete Mohammeds

O Gott, setze in mein Herz Licht, in meine Ohren Licht, in meine Augen Licht und in meine Zunge Licht; zu meiner Rechten Licht und zu meiner Linken Licht; über mir Licht und unter mir Licht; vor mir Licht und hinter mir Licht! Setze mir in meine Seele Licht! Mache mir das Licht groß!

Weite mir meine Brust und mache mir meine Aufgabe leicht! O Gott, du hörst meine Worte und siehst meinen Aufenthalt. Du kennst meine geheimen und offenbaren Werke, und nichts von meinem Leben bleibt vor dir verborgen.

Ich bin elend und arm, ich rufe zu dir um Hilfe und Beistand, in Furcht und Ängstlichkeit, und ich bekenne und gestehe meine Schuld.

Ich bitte dich, wie ein Elender bittet; ich flehe zu dir, wie ein Erniedrigter fleht; ich rufe zu dir, wie der angstvolle Blinde ruft, dessen Nacken sich vor dir beugt, und dessen Träne vor dir fließt, und dessen Körper sich vor dir erniedrigt, und dessen Stolz sich vor dir demütigt.

Mohammeds Abschiedspredigt

Lob sei Gott! So loben wir Ihn, bitten Ihn um Hilfe, flehen Ihn um Verzeihung an und wenden uns zu Ihm. Und wir suchen Zuflucht bei Gott vor den Übeln unserer selbst und unserer schlechten Taten. Wen Gott leitet, den kann niemand irreleiten, und wen Gott irregehen lässt, für den gibt es keinen, der ihn recht leitet. Ich bezeuge, dass es keine Gottheit außer Gott gibt – Ihn allein, der keinen Gefährten hat. Sein ist das Reich, und Sein ist das Lob. Er gibt das Leben, und Er gibt den Tod, und Er ist aller Dinge mächtig. Es gibt keine Gottheit außer Gott allein; Er hat Sein Versprechen erfüllt und Seinem Diener Sieg verliehen und die verbündeten (Gegner) vernichtet. Er allein!

O ihr Leute, hört auf meine Worte, denn ich glaube nicht, dass ich und ihr wieder in einer solchen Versammlung zusammenkommen werden und dass ich nach diesem Jahr noch eine Pilgerfahrt machen werde. O ihr Leute, Gott sagt: »O ihr Menschen, wahrlich, Wir haben euch geschaffen von einem Männlichen und einem Weiblichen und haben euch zu Völkerschaften und Stämmen gemacht, sodass ihr einander kennt. Wahrlich, der Edelste unter euch vor Gott ist der Gottesfürchtigste von euch« (49,13). Ein Araber ist nicht vorzüglicher als ein Nichtaraber, noch ein Nichtaraber vorzüglicher als ein Araber; ein Schwarzer ist nicht vorzüglicher als ein Weißer, noch ein Weißer vorzüglicher als ein Schwarzer, außer durch Frömmigkeit. Die Menschen stammen von Adam, und Adam ist aus Staub. Wahrlich, jedes Privileg, sei es [auf Grund von] Blut oder Besitz, ist unter diesen meinen Füßen (d. h. ausgelöscht), außer der Aufsicht über die Kaaba und dem Tränken der Pilger. Dann sagte er: O ihr Quraischiten, bringt nicht weltliche Güter, für die ihr Verantwortung tragt, während andere [Werke für] das Jenseits bringen; denn ich kann nichts bei Gott für euch tun. Wahrlich, alle Dinge aus der Heidenzeit sind nun unter meinen Füßen [ausgelöscht]. Die Blutrache der Heidenzeit ist aufgehoben, und die erste Blutrache, die ich aufhebe, ist das Blut Rabi'a ibn al-Hariths, der bei den Banu Sa'd aufgezogen und von den Hudhail getötet worden war. Die Wucherzinsen aus der Heidenzeit sind aufgehoben, und der erste Zins, den ich aufhebe, ist der, den 'Abbas ibn 'Abd al-Muttalib [zu empfangen hatte]. All das ist aufgehoben.

O ihr Leute, wahrlich euer Blut, euer Eigentum und eure Ehre sind unantastbar, bis ihr eurem Herrn gegenübersteht, ebenso wie der heutige Tag und der jetzige Monat und diese eure Stadt heilig sind. Und ihr werdet euren Herrn treffen, und Er wird euch über eure Taten befragen.

O ihr Leute, ihr habt ein gewisses Recht über eure Frauen, und sie haben ein gewisses Recht über euch. Sie haben euch gegenüber [die Pflicht], nicht euer Bett entehren zu lassen und keine offenkundige Unmoral zu begehen. Wenn sie das tun, so hat Gott euch erlaubt, sich von ihrem Lager zu trennen und sie zu schlagen, aber nicht heftig; doch wenn sie aufhören, erhalten sie ihren Unterhalt und ihre Kleidung wie üblich.

Wahrlich, der Frau ist es nicht erlaubt, etwas vom Besitz ihres Mannes wegzugeben, außer wenn er es gestattet.

Behandelt die Frauen freundlich, denn sie sind eure Helfer und können nicht für sich selbst einstehen. Fürchtet Gott hinsichtlich der Frauen; denn ihr habt sie genommen im Schutz Gottes und habt durch Gottes Wort legalen Verkehr mit ihnen.

O ihr Leute, Gott, der Erhabene, hat jedem, dem es zukommt, seinen Anteil [am Erbe] angeordnet, und es braucht kein Testament für einen Erben gemacht zu werden.

Das Kind gehört zum Ehebett, und der Ehebrecher ist zu steinigen. Und die Abrechnung dafür liegt bei Gott.

Wer eine andere Abstammung als seinen Vater angibt oder sich als Klienten eines anderen als seines Meisters ausgibt, auf dem ist der Fluch Gottes.

Schulden müssen bezahlt werden, Geliehenes ist zurückzugeben, Geschenke sind zu erwidern, und der Bürger hat [allfällige Schulden] zu zahlen.

Wahrlich, ein Verbrecher ist nur für sich verantwortlich. Ein Mensch kann nicht für das Verbrechen seines Vaters verantwortlich gemacht werden, noch der Vater für das seines Kindes.

Nichts, was dem Bruder gehört, ist einem erlaubt, es sei denn, er gäbe es gern und freiwillig. Tut euch nicht selbst Unrecht. O ihr Menschen, jeder Muslim ist der Bruder des anderen, und wahrlich, die Muslime sind Brüder. Und eure Sklaven: Gebt ihnen zu essen, was ihr esst, und kleidet sie, wie ihr euch kleidet.

Kehrt nach mir nicht zum Irrtum zurück, sodass ihr euch die Köpfe abschlagt. Wer ein Pfand hat, soll es dem zurückgeben, der es ihm anvertraut hat. Wenn euch ein schwarzer Sklave mit abgeschlagener Nase befiehlt und euch durch das Buch Gottes leitet, so hört auf ihn und gehorcht ihm!

O ihr Leute, es gibt keinen Propheten nach mir und keine [neue religiöse] Gemeinschaft, umma, nach euch.

Und ich habe euch etwas hinterlassen, wodurch ihr in der Folge nie mehr irregehen werdet, wenn ihr euch daran haltet: das Buch Gottes. Und hütet euch davor, in religiösen Dingen die

Grenzen zu überschreiten, denn diejenigen, die vor euch waren, sind durch Überschreiten der Grenzen der Religion ins Verderben gestürzt worden.

Wahrlich, der Satan hat die Hoffnung aufgegeben, jemals in diesem euren Lande verehrt zu werden, aber es wird eine Art von Gehorsam ihm gegenüber geben in Dingen, die ihr für gering haltet in euren Werken, und das wird ihn befriedigen – so hütet euch vor ihm in eurer Religion.

Wahrlich, dienet eurem Herrn, betet fünfmal täglich, fastet in dem Monat (Ramadan), zahlt eure Almosensteuer auf euren Besitz mit gutem Willen, und vollzieht die Pilgerfahrt zum Hause Gottes und gehorcht den Herrschenden; so werdet ihr ins Paradies eingehen.

Wer anwesend ist, künde dies dem Abwesenden, denn gar viele, denen es mitgeteilt wird, sind aufmerksamer als die, die zuhören. Und wenn ihr über mich befragt würdet, was würdet ihr sagen?

Sie antworteten: Wir bezeugen, dass du das anvertraute Gut recht gezahlt hast und die Botschaft mitgeteilt hast und uns guten Rat gegeben hast.

Da sprach der Gesandte Gottes – Gott segne ihn und gebe ihm Heil –, seinen Zeigefinger gen Himmel hebend und dann auf die Leute deutend: O Gott, bezeuge es, o Gott, bezeuge es!

Der Koran: Das Heilige Buch der Muslime

Die Heilige Schrift der Muslime ist der Koran. Der arabische Begriff Qur'an stammt von dem Verb qaraa (»lesen, vortragen, rezitieren«) ab. Für Muslime ist der Koran Urkunde der göttlichen Offenbarung sowie Hauptquelle und Maßstab des rechten Glaubens und Handelns. Der Koran enthält die Botschaft, die Mohammed im Laufe seines prophetischen Wirkens zwischen 610 und 632 verkündete. Diese Botschaft erhielt er nach eigenen Angaben auf dem Berg Hira. Dort erschien ihm der Engel Gabriel als Bote Gottes und gab ihm den Auftrag, die göttlichen Offenbarungen zu verkünden. Über 90 % der Koranverse befassen sich mit ethischen Werten, dem Aufbau und den Regeln der islamischen Umma (»Gemeinschaft«), mit Gott und seinen Eigenschaften, mit den Propheten und Gesandten sowie der gesamten wunderbaren Schöpfung, also Welt, Himmel, Erde, Mitgeschöpfen, Naturerscheinungen, metaphysischen Wesenheiten wie Engel usw., vergangenen Völkern und ihrer Geschichte. Nur etwa 6 % des Korans widmen sich konkreten Vorschriften: Verhaltensregeln für die Gläubigen, Familienrecht, Schlichten von Konflikten, politisches Zusammenleben, Sicherung des Wirtschaftlebens, Verhalten gegenüber Nichtmuslimen und Strafrecht. Anders als die Evangelien, die zusammenhängend vom Leben Jesu erzählen, enthält der Koran keinen Lebenslauf Mohammeds. Allerdings nehmen einige Verse auf besondere Umstände seines Lebens Bezug (s. S. 18 ff.).

Der Koran wird an vielen Stellen als »Buch« bezeichnet, andere Stellen bezeichnen ihn als »Ermahnung« (21,24 u. ö.). Teile des Korans gelten als Mathani, d. h. sich wiederholende Verse

(15,87). Als Mathani gelten entweder die sieben Verse der 1. Sure oder die sieben Legenden, die sich um Noah, Abraham, Loth, Schu'aib, Hud, Salih, Mose und die jeweiligen »Gemeinden« oder »Städte« ranken, oder sieben lange Koransuren. Manche Stellen nennen den Koran al-furqan: Unterscheidungsnorm (25,1).

Der Koran ist nicht auf einmal, sondern von 610 an 23 Jahre lang zunächst in Mekka, dann in Medina (ca. 10 1/2 Jahre) entsprechend den jeweiligen Notwendigkeiten und Offenbarungsanlässen offenbart worden. Der Koran besteht aus 114 Suren (Abschnitten), die sich aus einzelnen Ayas (»Versen«) zusammensetzen. Dieses arabische Wort bedeutet »Zeichen« Gottes. Die Namen der Suren beschreiben entweder ihren Entstehungsort, oder sie enthalten den Namen der Hauptperson, von der berichtet wird (Josef, Noah, Maria). Manche Suren werden auch nach einem eindrucksvollen Wort benannt: »das Licht« (24), »der Donner« (13). Die Suren in der heute verbindlichen Endfassung des Korans sind nicht chronologisch, sondern weitgehend nach dem Prinzip der fallenden Länge geordnet. Es gibt Ausnahmen: Am bekanntesten ist die erste Sure mit nur sieben Versen. Sie gilt als al-Fatiha (»die Eröffnende«). Die zweite und längste hat 286, die kürzeste, Sure 108, drei Verse. Die kürzeren Suren stammen vorwiegend aus mekkanischer Zeit, die längeren aus Medina.

Nach dem Tod Mohammeds waren verschiedene schriftliche und mündliche Berichte im Umlauf, die von den Gläubigen gesammelt wurden. Die bis heute weitgehend anerkannte Fassung des Korans wurde während der Regierungszeit des dritten Kalifen Uthman (644–656) erstellt. Dennoch muss man davon ausgehen, dass weiterhin Varianten und nichtkanonische Versionen des Korans existierten.

In Schulbüchern ist häufig die folgende Aussage anzutreffen: »Der Koran ist die Bibel der Muslime.« Dieser Satz ist richtig und falsch zugleich. Zwar sind Koran und Bibel Bücher, die in den jeweiligen Traditionen eine wichtige Rolle spielen. Aber die Bedeutung des Korans übersteigt für die meisten Muslime den

Stellenwert der Bibel im Christentum. Da der Koran als unverfälschtes Wort Gottes gilt, lehnt die Mehrheit der Muslime eine historisch-kritische Analyse des Korantextes ab. Manche Muslime ziehen es vor, die Bedeutung des Korans mit der Jesu zu vergleichen: Im Islam stehe ein Buch, im Christentum eine Person im Glaubensmittelpunkt. In der Lailat al-qadr (»Nacht der Macht«), die im Ramadan feierlich begangen wird, feiern die Muslime die Offenbarung des Korans als Heilsereignis (Sure 97). Der barmherzige Gott entließ in dieser Nacht sein heiliges Wort aus der Präexistenz heraus zur »Rechtleitung« der Menschen. Das Wunder der heiligen Nacht ist von Heil und Frieden begleitet. Vielleicht lässt sich folgender Vergleich ziehen: So wie die Engel auf den Fluren Bethlehems bei der Geburt Jesu Frieden verkündeten, so erfahren auch die Muslime ihre heilige Nacht als ein Ereignis, das zum Frieden anstiften soll.

Die besondere Bedeutung des Korans hängt für Muslime mit seinem göttlichen Ursprung zusammen. Muslime sind davon überzeugt, dass der Koran schon vor der Erschaffung der Welt bei Gott war, dort auf einer »wohl verwahrten Tafel« (85,22) aufgehoben wurde. In der »Nacht der Macht« hat Gott sein Buch den Menschen zur »Rechtleitung« herabgesandt. Damals sprach Gott durch seinen Engel Gabriel zu Mohammed. Für Muslime ist es eine Tatsache, dass Mohammed weder lesen noch schreiben konnte und dass dieser Sachverhalt die Echtheit seiner Offenbarung bestätigt. Der Koran gilt als Gottes Wort auch in dem Sinn, dass er der Verfügungsgewalt des Menschen, selbst des Propheten Mohammed, entzogen ist: »Bewege deine Zunge nicht, um dich damit zu übereilen. Uns obliegt es, ihn zusammenzustellen und ihn vorzulesen« (Sure 75, 16 f.). Für den Gläubigen ist der Koran unnachahmlich und unübertrefflich. Seine Einmaligkeit kommt auch in seiner Sprache zum Ausdruck. Da der Koran auf Arabisch zu den Menschen herabgesandt wurde, erhält diese Sprache eine besondere Weihe, gilt für den Muslim als heilig, erhaben und geheimnisvoll zugleich. Der göttliche Charakter löst bei dem Gläubigen ebenso Faszination aus wie die Schönheit und Leidenschaftlichkeit der Reimprosa.

Die Wirkung koranischer Texte auf die Gläubigen wird durch gemeinsame Gebete und Rezitationen verstärkt. Ähnlich wie anschaulich predigende christliche Geistliche oder eindrucksvoll singende jüdische Kantoren die Zuhörer in ihren Bann ziehen, lösen engagiert vorgetragene Koransuren bei Muslimen Ergriffenheit und feierliche Gefühle aus. Wegen der Heiligkeit der Sprache hat sich die arabische Schönschreibkunst, die Kalligraphie, zu einer eigenen, besonderen Kunst entwickelt. Muslime behandeln den Koran mit großer Ehrfurcht. Um das heilige Buch zu lesen, legt man es auf einen Koranständer.

Angesichts der Heiligkeit der arabischen Sprache bestand lange Zeit große Scheu und Zurückhaltung gegenüber Übersetzungen. Heute setzt sich zunehmend die Überzeugung durch, dass ein Muslim, der des Arabischen nicht mächtig ist, eine Übersetzung verwenden muss. Mittlerweile gibt es Übersetzungen des Korans in fast alle Sprachen der Welt. Diese können aber niemals das arabische Original ersetzen. Daher lernen muslimische Kinder in der Koranschule, den Koran auf Arabisch zu lesen und vorzutragen. Es gibt Muslime, die den ganzen Koran auswendig können und darauf sehr stolz sind. Sie werden Hafiz (»Bewahrer«) genannt. Ein Hafiz bewahrt das heilige Buch in seinem Herzen, kommt daher Gott außerordentlich nahe. Nirgendwo sonst ist ein Muslim dem einen Gott so nah wie beim Rezitieren des Korans. Der Hafiz nimmt den Koran auf geradezu sakramentale Weise in sein Herz, Gemüt und seinen Verstand auf. Er wird eins mit dem Wort, eins mit seinem Klang und Rhythmus. Es ist daher gut möglich, dass muslimische Kinder sich scheuen, den Koran im Original in die Schule oder den Kindergarten mitzubringen. Denn sie selbst oder ihre Eltern haben Angst, dass man ihrem heiligen Buch nicht genügend Respekt entgegenbringt.

Mit Hilfe einer Synopse von Bibel und Koran lassen sich wichtige Gemeinsamkeiten und Unterschiede zwischen den drei abrahamitischen Religionen erkennen. Viele biblische Personen, Motive und Gedanken haben Parallelen im Koran.

Neben dem Koran spielt die Sunna (»Gewohnheit«) des islamischen Propheten eine wichtige Rolle. Sunna bedeutet eine von verschiedenen Gelehrten später zusammengestellte Berichtsammlung über das, was Mohammed in bestimmten Situationen gesagt oder getan hat. Einen solchen »Bericht« nennt man Hadith. Ein Hadith besteht aus zwei Teilen: der Kette von Gewährsmännern und dem eigentlichen Bericht.

Die Offenbarung des Korans in der Nacht der Herrlichkeit

97,1–5: Im Namen Gottes, des barmherzigen Erbarmers.
Wir ließen ihn [den Koran?] niedersteigen zur herrlichen Nacht.
Kannst du dir ausdenken, was diese herrliche Nacht ist?
Diese herrliche Nacht ist besser als tausend Monde.
Da stiegen die Engel herab und der Geist
auf ihres Herrn Geheiß mit der Ganzheit des Wortes.
Heilbringend war sie bis zum Aufstieg des Morgenrots.
2,185: Der Monat Ramadan ist es, in dem der Koran herabgesandt wurde als eine Rechtleitung für die Menschen und als Zeugnis der Rechtleitung und Unterscheidung.

Die Bücher Gottes

3,1–4.7: Im Namen Gottes, des barmherzigen Erbarmers.

Gott: Es gibt keine Gottheit außer Gott, dem Lebendigen, dem Beständigen. Er sandte dir das Buch der Wahrheit herab als Bestätigung dessen, was vorher war. Und er sandte früher die Tora und das Evangelium herab als Rechtleitung für die Menschen. Immer sandte er die entscheidende Botschaft herab. Siehe, welche Gottes Zeugnis verleugnen, für sie ist strenge Strafe. Und Gott ist mächtig, ein Vergelter. Er hat dir das Buch offenbart, in dem klare und eindeutige Verse enthalten sind – also Mutter des Buches – und andere, die Gleichnischarakter besitzen.

Der Koran: Rechtleitung, Licht und Weisheit für die Gottesfürchtigen

2,1–10: Im Namen Gottes, des barmherzigen Erbarmers.

Dies Buch, daran ist kein Zweifel, ist eine Rechtleitung für die Gottesfürchtigen.

Die da glauben an das Verborgene und das Gebet verrichten und von unsrer Gabe spenden:

Und die da glauben an das, was auf dich herabgesandt ward und herabgesandt ward vor dir und fest aufs Jenseits vertrauen. Diese folgen der Rechtleitung ihres Herrn, und ihnen wird's wohl ergehen. Siehe, den Ungläubigen ist es gleich, ob du sie warnst oder nicht, sie glauben nicht. Versiegelt hat Gott ihre Herzen und Ohren und über ihren Augen ist eine Hülle, und sie erwartet schwere Strafe.

Etliche Menschen sprechen wohl: »Wir glauben an Gott und den Jüngsten Tag«; doch sind sie keine Gläubigen. Betrügen wollen sie Gott und die Gläubigen, und nur sich selbst betrügen sie und wissen es nicht. Ihre Herzen sind krank und Gott hat sie noch kränker werden lassen. Für ihre Lügen haben sie eine schmerzhafte Strafe zu erwarten.

4,113: Und ohne Gottes Huld und Barmherzigkeit gegen dich hätte ein Teil von ihnen versucht, dich irrezuführen; aber nur sich selber führen sie irre, ohne dir das Geringste zu schaden. Und hinabgesandt hat Gott das Buch und die Weisheit und hat dich gelehrt, was du nicht wusstest, und Gottes Huld war groß gegen dich.

5,19: O Volk der Schrift, nunmehr ist unser Gesandter zu euch gekommen, euch vieles von der Schrift kundzutun, was ihr verbargt, und um vieles zu übergehen. Gekommen ist nunmehr zu euch von Gott ein Licht und ein klares Buch, mit dem Gott leitet, wer seinem Wohlgefallen nachgeht, zu Wegen des Heils, und sie herausführt aus den Finsternissen zum Licht mit seiner Erlaubnis und sie leitet auf dem rechten Pfad.

20,1–4: Nicht haben wir den Koran auf dich herabgesandt, dass du elend würdest, sondern als Ermahnung für die Gottesfürchtigen, eine Hinabsendung von dem, der die Erde erschuf und die hohen Himmel.

Die »Mutter des Buches« ist bei Gott

13,39: Gott löscht aus und bestätigt, was er will, und bei ihm ist die Mutter des Buches.
15,87: Und schon gaben wir dir sieben von den Erzählungen und den erhabenen Koran.
43,2–4: Bei dem deutlichen Buch. Wir machten es zu einem arabischen Koran, damit ihr verständig werdet. Und es ist die Mutter der Schrift bei uns – ein hohes, ein weises.
85,21 f.: Ja, es ist ein ruhmvoller Koran auf wohl verwahrter Tafel.
80,11–16: Er ist eine Warnung, und wer da will, gedenkt sein auf geehrten Seiten, erhöhten, gereinigten, vermittels der Hände edler rechtschaffener Schreiber [der Engel].

Im Koran sind die Taten des Menschen aufgezeichnet

18,49: Und hingelegt wird das Buch, und schauen wirst du die Sünder in Ängsten über seinen Inhalt, und sie werden sprechen: »Wehe uns! Was bedeutet dieses Buch? Es ließ nicht die kleinste und nicht die größte [Sünde] unaufgeschrieben.« Und finden werden sie ihre Taten zur Stelle, und keinem wird dein Herr unrecht tun.
36,10–12: Und es ist gleich für sie, ob du sie warnst oder nicht warnst. Sie glauben nicht. Du warnst nur den, welcher der Ermahnung folgt und den Barmherzigen [Gott] im Verborgenen fürchtet. Ihm verkünde Verzeihung und gerechten Lohn. Wir machen die Toten lebendig, und wir schreiben auf, was sie zuvor taten, und ihre Spuren [im Leben], die sie hinterlassen haben, und alle Dinge haben wir aufgezählt in einem deutlichen Vorbild [Koran].

Teil 2: Gott und Mensch

Das islamische Gottesbild

Wie die Juden und Christen so sehen auch die Muslime den lebendigen Gott als Schöpfer von Himmel und Erde. Sie loben ihn als ihren Erhalter, preisen ihn als Herrn der Geschichte und zukünftigen Weltenrichter. Judentum, Christentum und Islam sind Variationen des monotheistischen Gottesbildes. Der eine und einzige, persönliche Gott wird im Islam als »lebendiger Gott« gesehen. Er hat die Welt geschaffen, führt sie einem Ziel zu, handelt in und an ihr. Der Mensch kann mit ihm in einen Dialog treten. Der Gott, so wie ihn der Koran beschreibt, meint es gut mit seinen Geschöpfen. Man darf nicht einen angeblich fernen Allah – auch arabische Christen nennen Gott Allah – mit dem nahen Gott des Christentums kontrastieren. Einerseits ist Gott »dem Menschen näher als dessen eigene Halsschlagader« (50,16). Anderseits sind seine Erhabenheit und Ferne für Gott kein Hinderungsgrund, eine besonders enge, auf dem Prinzip der »Rahma«/Barmherzigkeit beruhende Beziehung zum Menschen aufzubauen.

Eine Besonderheit des christlichen Gottesbildes, die heutzutage vor allem von Theologinnen kritisiert wird, ist die Vorstellung von Gott als »liebendem Vater«, mit dem man enge Gemeinschaft haben kann. Gott als »unseren« oder »meinen« Vater anzureden, gehört zu den Urphänomenen der Religionsgeschichte. Die Tatsache, dass in der Predigt Jesu die Rede von der rettenden Nähe des Vatergottes unüberhörbar im Zentrum steht, scheint auf den ersten Blick einen deutlichen Unterschied zum Islam zu markieren. Dieser versteht Gott nämlich ausdrücklich nicht als »Vater«. Gott ist im Koran der Rabb (»Herr/

Lehrer«), und der Mensch ist sein Abd (»Diener«). Aber ein Sklave ist er nicht, der im Staub vor einem Despoten liegt, sondern jemand, der sich von der Nähe Gottes umsorgt weiß (Abdoldjavad Falaturi). In islamischen Überlieferungen heißt es: Dieser Herr ist trotz seiner Macht »milder und barmherziger als hundert Väter und Mütter«. Der Ausdruck »Vater« wird im Islam meist in einem physischen Sinne verstanden. Wenn Gott »Vater« sein soll, dann muss er eine »Frau« haben. Angesichts des altarabischen Polytheismus mit seinen Göttern und Göttinnen erscheint die Verweigerung der Vater-Anrede durchaus konsequent.

Christen erfahren Gott als den »schenkenden Gott«. Man nennt ihn auch den »lieben« Gott. Nach dem Vorverständnis vieler Christen ist der Gott des Islam dagegen ein Gott der Willkür und Vorherbestimmung (Prädestination), ein Gott, der fordert, oder – wie der Evangelische Erwachsenenkatechismus einmal formulierte – der »starre, unbewegte, einsame Gott«. Eine solche Charakterisierung Gottes entspricht weder dem Koran noch heutiger islamischer Glaubenserfahrung. Überwältigend oft ist im Koran – mehr als 700-mal – von Gottes »Rahma/Barmherzigkeit« die Rede, wird Gott als der »barmherzige Erbarmer« erfahren.

Jede Sure, mit Ausnahme der neunten, beginnt mit der Formel: »Im Namen Gottes, des barmherzigen Erbarmers«. Gottes Barmherzigkeit, die weibliche Rahma, ist das großzügige Angebot Gottes an die von ihm geschaffenen und umsorgten Menschen. Nach islamischem Verständnis ist Religion niemals als menschlicher Versuch zu bewerten, sich aus eigener Kraft zu Gott aufzuschwingen: von unten nach oben. Der Glaube kommt von Gott.

Wichtige Hinweise auf die göttliche Barmherzigkeit sind die Schöpfung und die wohltätige Ordnung der Natur. Sodann die vielerlei »Zeichen«, die von verständigen Menschen in ihrer symbolischen Beziehung zu Gott entschlüsselt werden. Die Sendung der Propheten und Gesandten versteht der Islam als weiteren Erweis der grundlosen Barmherzigkeit Gottes. Das größte

Ereignis des göttlichen Angebotes an die Menschen aber ist der Koran. Keine Gesetzessammlung, kein Bürgerliches Gesetzbuch, sondern »ein gewaltiger Hymnus zu Ehren der göttlichen Schöpfung« (Toshihiko Izutzu).

Die Gegenüberstellung von »forderndem« und »schenkendem« Gott, von Gesetz und Evangelium, setzt einen Interpretationsrahmen, der dem Islam nicht gerecht wird und der schiefe Alternativen aufbaut. Gesetzesreligionen versprechen nach protestantischem Verständnis göttlichen Lohn auf Grund von Leistung. Sie treiben den Menschen damit in eine ausweglose Lage; denn vor Gott kann niemand auf Grund eigener Verdienstlichkeit gerecht werden. Sie lassen den Menschen »ichsüchtig« (Gustav Mensching) um sich selbst kreisen. Es geht ihnen nicht um Gott, sondern um den Menschen und seine Gerechtigkeit durch gute Werke. Schon das Tun wollen wird in dieser Sicht als Symptom für die Verwerflichkeit vor Gott gewertet. Das Gesetz gilt als eine Größe, die schwer zu erfüllen ist und das ganze Leben mit einem Netz peinlich einzuhaltender Bestimmungen umspannt, den Menschen einengt und unfrei macht.

Wer die islamische Glaubenspraxis, diese Lust am korrekten, geordneten Handeln, ausschließlich aus dem Blickwinkel von Werkgerechtigkeit, Gesetzlichkeit usw. betrachtet, missdeutet sie. Er erkennt nicht ihre Intentionen, die »innere Dimension« dieser Frömmigkeitsform. Für den Christen hat Gott aus Liebe zu den Menschen in dem historischen Jesus von Nazareth seine Transzendenz durchbrochen und sich der menschlichen Beschränkung unterworfen. Gott ist für den Islam der »ganz Andere« (Rudolf Otto): »Ihm gleicht nichts« (42,11), sagt der Koran und richtet damit die Grenze zwischen Gott und Mensch unüberwindlich auf: Gott und Mensch stehen einander als Schöpfer und Geschöpf gegenüber. Nach islamischer Auffassung wird von Gott in der Bildlichkeit von Größe, Herrschaft, Erhabenheit gesprochen – nicht aber in der Symbolik von Schwäche und Erniedrigung. Und dennoch: Dieser große, mächtige, heiligerhabene Gott ist seinen Geschöpfen ganz nahe, umsorgt sie mit seiner Rahma.

Die wichtigsten Eigenschaften Gottes sind in der islamischen Tradition auf die Formel der »Schönsten Namen Gottes« gebracht worden:

Der Erbarmer
Der Barmherzige, der Gnädige
Der große Verzeiher
Der stets Verzeihende
Der (Sünden) Vergebende
Der die Reue Annehmende
Der Liebe- und Erbarmungsvolle
Der Liebevolle
Der Verleiher, der Gewährer
Der Ernährer
Der Freigebige, der Gütige
Der Erhörende
Der Nachsichtige
Der Eröffnende
Der Wohltätige
Der (Güte) Gewährende
Der Frieden
Der fürsorgliche Freund
Der Helfer
Der Geduldige
Der Gunstverleiher
Der allumfassend Wohltätige
Der Versorger
Der Rechtleitende
Der Wohltäter
Der Genügende
Der Verleiher der Sicherheit

Gottes Schöpfertätigkeit wird in den folgenden Namen deutlich:
Der Schöpfer (zwei verschiedene arabische Ausdrücke)
Der Gestalter
Der Former

Der Urheber der Schöpfung
Der Wiederholer der Schöpfung
Der Lebensgewährer
Der Lebennehmende

Gottes Gerechtigkeit wird durch folgende Namen ausgedrückt:
Der Gerechte
Der gerecht Handelnde
Der Wahre
Der schlichtende Richter
Der vertrauenswürdige Sachwalter
Der den Ungerechten der Gerechtigkeit Unterwerfende
Der Zeuge
Der Rechner

Die übrigen »schönsten Namen« sind im Überschneidungsbereich von Barmherzigkeit, Schöpfermacht und Gerechtigkeit angesiedelt:
Der Beschützer
Der Höchste
Der Verleiher von Macht und Ehre
Der Nehmer von Macht und Ehre

Wieder andere »Namen« beschreiben die göttlichen Qualitäten so:
Der Lebendige
Der Beständige
Der Einzige
Der Einzigartige
Das Licht
Der Heilige
Der mit seiner Macht alles Umfassende
Der Mächtige
Der Stolze
Der Erhabene
Der Glorreiche

Der Große
Der Erhabene
Der Unfassbare

Andere »Namen« beschreiben die notwendigen Voraussetzungen für die göttliche Aktivität:

Der Wissende
Der Weise
Der überall Bescheid Wissende
Der Wachsame
Der mit seinem Wissen alles Erfassende
Der Starke
Der Erste
Der Letzte
Der Rechtliche
Der Erbe
Der Überlebende

Gebet Mohammeds

O Gott, Lob sei dir! Du bist der Hüter der Himmel und der Erde und derer, die dort sind.

Lob sei dir! Du bist das Licht der Himmel und der Erde und derer, die dort sind.

Lob sei dir! Du bist der König der Himmel und der Erde und derer, die dort sind.

Lob sei dir! Du bist die Wahrheit, wahr ist dein Versprechen, wahr ist die Begegnung mit dir, wahr ist dein Wort, wahr ist das Paradies, wahr ist das Feuer.

Wahrhaftig sind die Propheten, und wahrhaftig ist Mohammed. Und wahr ist die Stunde [des Gerichts].

Ich bin dir ergeben, ich glaube an dich, ich vertraue auf dich, ich wende mich dir zu.

Durch dich streite ich, und dir überlasse ich die Entscheidung. Vergib mir meine früheren und späteren, meine geheim gehaltenen und meine offenkundigen Verfehlungen, und auch das, was du besser weißt als ich!

Du bist es, der die Dinge früher und der sie später schickt. Es gibt keinen Gott außer dir. Und es gibt keinen anderen Gott als dich.

Die Eröffnung der Botschaft

1,1–7: Im Namen Gottes, des barmherzigen Erbarmers.
Lob sei Gott,
dem Herrn der Welten,
dem Barmherzigen, dem Erbarmer,
dem Herrn des Gerichtstages.
Dir dienen wir, und Dich bitten wir um Hilfe:
Führe uns den geraden Weg,
den Weg derer, denen Du Gnade erwiesen hast,
nicht derer, die dem Zorn verfallen sind,
noch derer, die in die Irre gehen.

Gottes Thron überragt Himmel und Erde

2,255: Gott – Es gibt keinen Gott außer ihm, dem Lebendigen, dem Beständigen. Schlummer und Schlaf ergreifen ihn nicht. Ihm gehört alles, was sich in den Himmeln und auf der Erde befindet. Wer darf wohl bei ihm ohne seine Erlaubnis Fürsprache einlegen? Er weiß, was offen vor den Menschen liegt und was hinter ihnen verborgen ist. Sie aber begreifen nichts von seinem Wissen, außer dem, was er ihnen kundtun will. Sein Thron überragt die Himmel und die Erde. Es fällt ihm nicht schwer, beide zu erhalten. Er ist der Höchste und Erhabenste.

Überall scheint das Licht Gottes

24,35: Gott ist das Licht der Himmel und der Erde. Sein Licht ähnelt einer von einer Lampe erstrahlten Nische. Die Lampe steht in einem Glas, und das Glas funkelt wie ein leuchtender Stern. Die Lampe

brennt mit dem Öl eines Segen spendenden Olivenbaumes, den es weder im Osten noch im Westen der Welt gibt. Sein Öl leuchtet fast schon, selbst wenn kein Feuer es berührt. Überall ist Licht. Gott führt zu seinem Licht, wen er will. Gott erteilt den Menschen weise Lehren; denn er ist der Wissende.
2,115: Gottes ist der Osten und Gottes ist der Westen. Wo ihr auch euch hinwendet, dort ist auch Gott selbst, fürwahr, Gott ist ja erhaltend und allwissend.

Der eine Gott: Wider die Trinität

5,73 f.: Ja, diejenigen sind ungläubig, welche sagen: Gott ist einer von dreien. Dabei gibt es keine Gottheit außer dem einen. Sollten sie aber nicht von ihrer Behauptung ablassen, so wird sicherlich die Ungläubigen unter ihnen eine schmerzhafte Strafe treffen. Werden sie sich denn nicht Gott zuwenden und ihn um Vergebung bitten? Denn Gott ist vergebend und barmherzig.

Stelle deinem Herrn niemanden zur Seite!

18,32–44: Und erzähle ihnen ein Gleichnis von zwei Männern: Für den einen schufen wir zwei Gärten mit Weinstöcken und umsäumten sie mit Palmen und legten Getreidefelder zwischen ihnen an. Beide Gärten brachten Früchte hervor und ließen nichts zu wünschen übrig. Und wir ließen mitten in ihnen einen Bach fließen. Der Besitzer hatte einen guten Ertrag. Da sagte er zu seinem Freund, mit dem er sich unterhielt: Ich besitze größeren Reichtum und mehr Personal als du. Und er betrat seinen Garten, indem er sich gegen sich selber versündigte, und sprach: Ich glaube nicht, dass mein Garten jemals zugrunde gehen wird. Auch glaube ich nicht, dass die Stunde des Gerichts bald kommt. Wenn ich später doch zu meinem Herrn zurückgebracht würde, so würde ich als Ort der letzten Einkehr noch einen besseren Garten als diesen finden. Da entgegnete sein Freund: Leugnest du denn den, der dich aus Staub und dann aus einem Samentropfen geschaffen und dich zu einem Mann geformt hat? Gott ist aber mein Herr, und ich stelle meinem Herrn niemanden zur

Seite. Und warum hast du nicht damals, als du in deinen Garten gingst, gesagt: Nur was Gott will, mag geschehen. Nur Gott hat die Macht. Magst du mich jetzt auch für ärmer an Besitz und Nachkommenschaft halten, so wird mein Herrgott mir vielleicht doch etwas Besseres als deinen Garten geben. Vielleicht wird dein Garten einer Abrechnung vom Himmel zum Opfer fallen, sodass er eines Morgens nur noch schlüpfriger Boden ist. Oder sein Wasser wird eines Morgens versiegt sein, sodass du nicht mehr in der Lage bist, es zu finden. Und tatsächlich: Seine Ernte wurde vernichtet, und am anderen Morgen rang er seine Hände und beklagte das, was er für den Garten ausgegeben hatte. Zerfallen lag er auf seinen Spalieren. Und der Besitzer sprach: O hätte ich doch meinem Herrn niemanden zur Seite gestellt. Und er hatte niemanden zu seiner Hilfe außer Gott und konnte auch sich selber nicht helfen. In einer solchen Lage hat nur noch der einzige wahre Gott Freundschaft zu bieten. Bei ihm erhält man den besten Lohn und den glücklichsten Ausgang.

Die Schöpfung als Wundertaten Gottes

16,3: Er schuf wirklich die Himmel und die Erde.
7,54–56: Ja, euer Herr ist der Gott, der die Himmel und die Erde in sechs Tagen erschaffen hat und sich dann auf dem Thron niederließ. Er lässt die Nacht den Tag bedecken, wobei sie ihn schnell zu erreichen versucht. Sonne, Mond und Sterne gehorchen seinem Befehl. Ja, ist er nicht der Ursprung jeglicher Schöpfung und Herrschaft über die Welt? Gott, der Herr der Welten, ist voller Segen. Ruft euren Herrn voller Demut und Ehrfurcht an. Er liebt keine Menschen, die Übertretungen begehen. Richtet auf der Erde kein Unheil an, nachdem sie in Ordnung gebracht wurde! Betet zu Gott in Ehrfurcht und Verlangen nach seiner Barmherzigkeit! Ja, die Barmherzigkeit Gottes steht denjenigen nahe, die Gutes tun.
6,95–99: Gott lässt keimen das Korn und den Dattelkern. Er bringt das Lebendige aus dem Toten hervor und das Tote aus dem Lebendigen. Das ist Gott. Warum erkennt ihr dies nicht an? Er läßt den Morgen anbrechen und schafft die Nacht als Ruhepause. Sonne und

Mond lässt er zur Zeitrechnung entstehen. Alles dies geschieht auf Anordnung des Mächtigen, des Wissenden. Er hat die Sterne geschaffen, damit ihr mit ihrer Hilfe in der Finsternis zu Lande und zu Wasser rechtgeleitet werdet. Wir haben die Zeichen für Leute auseinander gesetzt, die Bescheid wissen. Er ist derjenige, der euch aus einem einzigen Wesen geschaffen hat und euch einen Ort der Ruhe und der Zuflucht gab. Wir haben die Zeichen nun deutlich für einsichtige Leute erklärt, und er ließ vom Himmel Wasser herabkommen. Dadurch haben wir Wachstum aller Art hervorgebracht und daraus das Grüne, aus dem wir dichtes Korn hervorbringen, und aus den Blütenscheiden der Palmen lassen wir niederhängende Fruchtbüschel entstehen und Gärten voller Weintrauben, Oliven und Granatäpfel, einander ähnlich und unähnlich. Schaut euch ihre Frucht an, wenn sie keimt und reift. Ja, dies sind Zeichen für Menschen, die glauben.

13,1–4: Dies sind die Zeichen des Buches, und was herabgesandt ward zu dir von deinem Herrn, ist die Wahrheit, jedoch glauben die meisten Menschen nicht.

Gott ist es, der die Himmel erhöht hat ohne Säulen, die ihr seht, sodann setzte er sich auf den Thron und zwang die Sonne und den Mond, ihm dienstbar zu sein. Alles eilt zu einem bestimmten Termin. Er lenkt alle Dinge, er macht die Zeichen klar. Vielleicht glaubt ihr an die Begegnung mit eurem Herrn.

Und er ist es, der die Erde ausbreitete und fest gegründete Berge und Flüsse in sie setzte, und von allen Früchten schuf er auf ihr zwei Arten. Er lässt die Nacht den Tag bedecken. Siehe, hierin sind wahrlich Zeichen für nachdenkende Leute.

Und auf der Erde sind dicht beieinander verschiedene Stücke und Rebgärten und Korn und Palmen zu mehren und zu einzeln aus der Wurzel. Getränkt von einem Wasser, machten wir doch die einen als Speisen vorzüglicher als die anderen. Siehe, hierin sind wahrlich Zeichen für ein verständiges Volk.

16,77–83: Und Gott kennt das Geheimnis der Himmel und der Erde, und der Befehl der Vergeltungsstunde ist für ihn nur wie ein Augenblick oder noch kürzer. Wahrlich, Gott ist über jedes Ding mächtig.

Und Gott hat euch hervorgebracht aus den Leibern eurer Mütter, ihr wusstet nichts, und er gab euch das Gehör und die Sehkraft und die Herzen, auf dass ihr dankbar seid.

Sehen sie nicht die Vögel, wie sie untertan sind im Himmelsraum? Niemand hält sie im Gleichgewicht als Gott. Hierin sind ganz bestimmt Zeichen für Leute, die gläubig sind.

Und Gott errichtete euch eure festen Häuser als Wohnung und machte für euch aus den Häuten der Haustiere Zelte, ihr handhabt sie leicht während eurer Reise wie während eures Aufenthalts, er gab euch ihre Wolle, ihre Felle, ihre Haare zu Gegenständen des Haushalts und Nießbrauchs auf eine gewisse Zeit.

Und Gott machte für euch aus dem, was Er geschaffen, Beschattung und machte für euch in den Bergen Schutzhütten und machte für euch Kleider, die euch vor der Hitze schützen, und andere Schutzhüllen, die euch am Tag des Kampfes schützen. Also vollendete er seine Gnade für euch, damit ihr gehorsam seid.

Sollten sie sich jedoch abkehren, so liegt dir o Prophet die deutliche Warnung.

Sie kennen die Gabe Gottes, alsdann verleugnen sie sie, denn die meisten von ihnen sind undankbar.

16,5–8: Und das Vieh hat er geschaffen. Es gibt euch die Möglichkeit, euch warm zu halten, und ist euch von Nutzen. Und ihr könnt davon essen.

Auch findet ihr es schön, wenn ihr das Vieh ein- und austreibt. Und es trägt eure Lasten zu einem Ort, den ihr nur mit großer Mühe erreichen könntet. Euer Herr ist wirklich mitleidig und barmherzig. Und die Pferde und die Maultiere und die Esel, damit ihr sie besteigt, und als Zierde. Und er schafft, was ihr nicht wisst.

32,4–7: Gott ist es, der die Himmel und die Erde und was dazwischen ist, in sechs Tagen schuf und sich sodann auf dem Thron zurechtsetzte. Außer ihm habt ihr weder Freund noch Fürsprecher. Wollt ihr euch denn nicht mahnen lassen? Er entsendet das Wort vom Himmel zur Erde. Hierauf steigt dieses zu ihm auf. Das geschieht an einem Tag, dessen Ausmaß nach eurer Berechnung tausend Jahre sind. Er weiß Bescheid über das Verborgene und über das allgemein Bekannte. Er ist der Mächtige und Barmherzige. Alles, was er schuf, machte er gut.

3,190: In der Erschaffung von Himmeln und Erde und im Wechsel von Tag und Nacht liegen Zeichen für diejenigen, die Verstand haben.
21,16: Wir schufen die Himmel und die Erde und was dazwischen ist, nicht zum Zeitvertreib.
11,7: Und er ist es, der die Himmel und die Erde in sechs Tagen schuf, während sich sein Thron noch über dem Wasser befand.
27,61: Wer machte die Erde zu einem Grund, und wer ließ durch Täler Ströme fließen, wer schuf Berge und machte eine Schranke zwischen den beiden großen Wassern? Kann es einen Gott geben neben Gott? Aber nein!
67,3: An der Schöpfung des Barmherzigen erblickst du keine Unstimmigkeit. Schau dich nur um, wo du auch hinsiehst, du findest keinen Fehl.

Der Mensch vor Gottes Gericht

81,1–14: Wenn die Sonne sich verschleiert und die Sterne erblassen, wenn die Berge schwanken, Kamelstuten sind verlassen, wenn die wilden Tiere sich rotten, wenn das Meer aufgejagt, wenn die Seelen sich paaren, wenn man die getöteten Töchter fragt, um welcher Schuld sie ermordet, wenn Rechnung ist vorgebracht, wenn der Himmel enthüllt ist, das höllische Feuer entfacht, wenn nahe der Paradiesgarten, dann erkennt die Seele, was sie gemacht.
22,1 f.: O ihr Menschen, fürchtet euren Herrn. Das Beben der Stunde ist gewaltig. An dem Tag, da ihr sie scheuen werdet, wird jede Stillende ihren Säugling vergessen, und abwerfen wird jede Schwangere ihre Bürde, und sehen wirst du die Menschen als Berauschte, ohne dass sie trunken sind. Ja, die Strafe Gottes wird eine gewaltige sein.

Der Mensch vor Gott

Der Mensch – Mann und Frau gleichermaßen – ist von Gott gut geschaffen. Er nimmt innerhalb der Schöpfung den höchsten Rang ein. Gott setzte Adam als »Stellvertreter«, »Statthalter« oder »Nachfolger« (Khalifa) auf Erden ein und lehrte ihn die Namen aller Dinge. Der Mensch ist nicht nur »Khalifa«, sondern auch Abd (»Diener«) Gottes, wie etwa der häufige islamische Vorname Abd-allah (»Diener Gottes«) zum Ausdruck bringt. Muslime empfinden diese Bezeichnung überhaupt nicht als erniedrigend, weil sie sich von Gottes Barmherzigkeit »umsorgt« wissen und ihre Handlungen aus freiwilligem Antrieb geschehen. Der Mensch ist grundsätzlich als Monotheist geschaffen. Sein Glaube an den einen und einzigen Gott ist ihm als natürliche Religion gleichsam angeboren (din al-fitrah = »schöpfungsgemäße Religion«).

Der Islam kennt zwar eine Ursünde, nämlich die Tat des Urelternpaares. Der Islam kennt jedoch keine »Erbsünde« im christlichen Sinn. Im Christentum wird die Stellung des Menschen vor Gott auf der Basis von Schöpfung – Sündenfall – Erlösung reflektiert. Dem Islam sind die Begriffe Erbsünde und Erlösung aber von Hause aus fremd. Islamisches Glaubensdenken spannt vielmehr einen Bogen, der mit Schöpfung – Bewährung – Vertrauen in die göttliche Barmherzigkeit angesichts des Jüngsten Gerichtes umschrieben werden kann.

Die zahlreichen islamischen Schöpfungstexte entfalten das Thema der wunderbaren Schöpfung, die für den Menschen voll von Wundern und Zeichen ist. Gott schafft alles Seiende aber nicht nur das, vielmehr erhält er seine Welt, schafft sie und den

Menschen in jedem Augenblick neu. Adam – Prototyp des Menschen schlechthin – wird auf Befehl Gottes aus Staub, Erde bzw. geronnenem Blut in schöner, vom Schöpfer so gewollter Gestalt ins Leben gerufen. Daraufhin haucht Gott ihm seinen Geist ein. Gott hat den Menschen beauftragt, seine Mitwelt nicht auszubeuten, vielmehr ökologisch verantwortlich mit ihr umzugehen. Der Mensch als Khalifa (»Statthalter« Gottes) wird nicht als göttliches Ebenbild verstanden, weil dies eine Vermischung der göttlichen und menschlichen Ebene bedeuten würde. Oft ist von christlicher Seite wertend zu hören: Das Christentum kennt die »Sünde«, der Islam dagegen nur die »Sünden«. In der Tat ist dem Islam ein ausgeprägtes Sündengefühl und ein damit einhergehender trauriger Grundton fremd. Das islamische Menschenbild scheint für die negativen Züge, wie sie im christlichen Sündenverständnis zum Ausdruck kommen, wenig Raum zu lassen. An der griffigen Gegenüberstellung »Sünde/Sünden« sind aber Zweifel angebracht. Zunächst erschwert das christliche Vorverständnis den sachgemäßen Zugang zu der auch im Islam vorhandenen Vorstellung einer »generellen und existentiellen Unheilssituation« (nach Gustav Mensching Hauptmerkmal einer Universalreligion). Wird Sünde jedoch im biologistischen Sinne als »Erbsünde« verstanden, mit einer parallel einhergehenden Verunglimpfung der Sexualität, dann trennen Christentum und Islam Welten.

Deutet man Sünde dagegen als Aussage über die unvermeidlich jeden Menschen betreffende, »entfremdete« Grundsituation, die ihren Ausdruck in den verfestigten Strukturen dieser Welt findet, in menschlichen Ordnungen und Institutionen, dann dürfte es Anknüpfungspunkte im Islam geben. Weil er seinen freien Willen nicht Gott-gemäß gebraucht hat, werden Adam und seine Frau aus dem Paradies verwiesen. Seither bevölkern sie die Erde. Der Kernaussage der koranischen Adamsgeschichte liegt aber eine hoffnungsvolle Absicht zugrunde: Gott vergibt dem reuigen Sünder immer wieder. Auch wenn der Mensch Gottes gelungene Schöpfung ist und sein »Stellvertreter« auf Erden, so haben die anthropologischen Aussagen des

Korans insgesamt einen eher realistisch-düsteren Zug: Der Mensch ist zwar Gottes bestes Geschöpf und steht auf Grund seines freien Willens hoch über den Engeln. Doch schon die Tatsache seines Geschaffenseins weist auf seine Schwäche hin: Er ist von Natur aus unbeständig, unzuverlässig, kleinmütig, ungeduldig, unwissend, eben schwach. Er neigt zur Ungerechtigkeit, zeigt wenig Interesse, den Glauben anzunehmen. Die negativen Seiten des Menschen sind also durchaus vorhanden. Doch dass die Menschheit generell »korrupt« sei – eine derart weitgehende Aussage lässt sich durch den Koran nicht stützen.

Heutige islamische Denker vertreten zwei Denkmodelle im Blick auf die »Unheilssituation«: Ein Modell lässt sich durch das Begriffspaar »Vergesslichkeit« und »Erinnerung« beschreiben. Eher wenige Denker sehen dagegen im »Ungehorsam« des Menschen gegen die göttliche Willenskundgebung den entscheidenden Ausdruck der menschlichen Sünde. Beide Ansätze können sich auf den Koran stützen. Die »Sündenfallgeschichte« (20,115 ff.) spricht eingangs von Adams Vergesslichkeit und Entschlusslosigkeit. Besonders die von der Mystik geprägten Muslime unterscheiden zwei fundamentale Seinsweisen des Menschen: Zwar würde kein Muslim von »Erbsünde« sprechen, dennoch hören wir vom »gefallenen Geschöpf«, vom »zweiten Menschen in seiner aktuellen Bedingung« (Hasan Askari), welcher der Befreiung und Errettung bedarf.

Solchen Überlegungen liegt das mystische Denkschema von Ureinheit – Trennung und Vielfalt – Rückführung zur Einheit zugrunde. Symptom des von seinem göttlichen Ursprung entfremdeten Menschen ist seine »Vergesslichkeit«. Er ist schwach, vergisst seine schöpfungsgemäße Anlage zum monotheistischen Glauben. Ständig bedarf er der »Erinnerung« und »Rechtleitung«. Sie weckt den leichtfertigen Menschen aus seinen Tagträumereien auf, bringt ihm zu Bewusstsein, wer er eigentlich ist. Bei genauem Zusehen lässt die Sündenfallgeschichte aber nicht nur die mangelnde Standhaftigkeit als Symptom der menschlichen Unheilssituation erkennen. Es ist nämlich in der genannten Koranstelle ebenfalls davon die Rede, dass Adam »ungehorsam« wurde und »in die Irre gegangen« ist bzw. »in Sünde verfiel« (20,121).

Der Mensch wird im Islam als ein zwiespältiges Wesen »in der Krise« (Hasan Askari) gesehen, weil er die schöpfungsmäßig mitgegebene Wahlfreiheit besitzt und sich bei jeder Handlung in einer neuen Entscheidung befindet. Dabei ist er der Wirkung äußerer und innerer Kräfte ausgesetzt, die ihn zum Guten/ Schönen (hair/hasan) bzw. zum Bösen/Hässlichen (sarr/qabih) bewegen. Die Verantwortung für seine Entscheidung hat er jedoch selbst zu tragen. Die Stätte der Auseinandersetzung der gegensätzlichen (bösen/guten) Kräfte, die jeder Entscheidung vorangeht, ist nach einem der bedeutendsten islamischen Theologen, al-Ghazali (1058–1111), das im Koran als Organ/Vermögen des Begreifens der Wahrheit hervorgehobene Qalb/Fu'ad, das Herz. Damit korrespondiert Nafs, die Seele, die ebenso im Koran in verschiedener Funktion vorkommt: Als Ammara bi-s-su stellt sie den Inbegriff aller zum Schlechten hintreibenden Begierden im Menschen dar. Als Lawwama/tadelnde Nafs spielt sie die Rolle des Gewissens bei der und nach der Entscheidung für das Schlechte. Die Stufe einer Seele im Zustand der Ruhe (an-Nafs al-Mutmaína/»die ihre Ruhe gefunden habende Seele«) ist erreicht, wenn sie im Prozess, dem sie ausgesetzt ist, den Kampf gegen das Böse gewinnt und die Stufe der Sicherheit und Ausgeglichenheit erreicht.

Die Erschaffung des Menschen

23,12–16: Ja, wir schufen den Menschen aus einer Art von Ton. Dann machten wir ihn zu einem Samentropfen an einem geschützten Ort. Dann schufen wir aus dem Tropfen einen Blutklumpen und schufen den Blutklumpen zu einem Fleischstückchen und schufen in dem Fleischstückchen Knochen. Dann versahen wir die Knochen mit Fleisch. Dann ließen wir den Menschen entstehen als eine andere Schöpfung. Daher sei Gott gesegnet; denn Gott ist der beste Schöpfer. Dann werdet ihr später gewiss sterben, und dann werdet ihr am Tag der Auferstehung auferweckt werden.

Gott, erbarme dich unser!

2,286: Gott bürdet jeder Seele nur so viel auf, wie sie zu ertragen vermag. Für sie zählt nur, was sie an Gutem erworben hat, und ihr wird nur zur Last gelegt, was sie an Schlechtem getan hat. Unser Herr, strafe uns nicht für unsere Vergesslichkeit und unsere Fehler. Unser Herr, bürde uns nicht auf, was du früheren Menschen auflegtest. Unser Herr, lass uns nichts tragen, wozu unsere Kraft nicht reicht. Vergib und verzeih uns. Erbarme dich unser. Du bist unser wahrer Schutz. Darum hilf uns gegen die Ungläubigen.

Der Mensch ist für sein Tun selbst verantwortlich

4,79: Das Gute, das dir zustößt, kommt von Gott. Was dir aber Böses geschieht, dafür bist du selbst verantwortlich.

Der Mensch als Statthalter Gottes auf Erden

2,34–39: Damals, als dein Herr zu den Engeln sagte: Ich werde einen Statthalter auf Erden einsetzen, sagten sie: Willst Du etwa jemanden einsetzen, der Unrecht begeht und Blut vergießt, während wir Engel Dich doch loben und preisen! Da sagte er: Ich weiß Dinge, die ihr nicht wisst. Er lehrte Adam alle Namen. Dann zeigte er sie den Engeln und sprach: Wenn ihr aufrichtig seid, so nennt mir die Namen dieser Dinge! Sie sagten: Lob sei Dir. Wir besitzen kein Wissen außer von dem, was Du uns vorher beigebracht hast. Du bist der Wissende und Weise. Da sprach er: Adam, nenne du ihnen die Namen der Dinge. Als er sie ihnen mitgeteilt hatte, sprach Gott: Sagte ich euch nicht, dass ich die Geheimnisse von Himmel und Erde kenne? Ich weiß über alles Bescheid, was ihr offen aussprecht, und über das, was ihr verheimlicht. Daraufhin sagte er zu den Engeln: Werft euch vor Adam nieder! Und sie taten es alle außer Iblis, dem Satan. Er weigerte sich aus Hochmut und weil er zu den Ungläubigen gehörte. Wir sagten auch: Adam! Bewohne mit deiner Gattin den Paradiesgarten und esst beide ohne Ausnahme von den Früchten, wo immer ihr wollt. Nähert euch jedoch nicht diesem Baum; sonst gehört ihr zu den Frevlern. Der Satan verführte sie jedoch dazu, Unrecht zu begehen, und vertrieb sie von dem Ort, an dem sie weilten. Wir sprachen: Geht fort von hier. Einer sei des anderen Feind. Auf Erden werdet ihr einen Aufenthaltsort und Nießbrauch für eine gewisse Zeit erhalten. Daraufhin nahm Adam von seinem Herrn Worte entgegen, und Gott wandte sich ihm wieder zu; denn er ist barmherzig und bereit zu vergeben. Wir sagten: Geht alle hinab auf die Erde. Später wird von mir zu euch eine rechte Leitung gelangen. Wer dieser folgt, braucht keine Furcht vor der Entscheidung des Jüngsten Tages zu hegen. Diejenigen aber, die ungläubig sind und unsere Zeichen verleugnen, werden dem Höllenfeuer anheim fallen und ewig darin weilen.

7,172: Und als dein Herr aus den Lenden der Kinder Adams ihre Nachkommenschaft zog und wider sich zu Zeugen nahm: »Bin ich nicht euer Herr?«, sprachen sie: »Ja, wir bezeugen es.« Damit sie nicht am Tag der Auferstehung sprächen: »Unsere Väter gaben Gott Gefährten zuvor, und wir sind ihre Nachkommenschaft.«

12,53: Die Seele verlangt gebieterisch nach dem Bösen!

20,115–121: Und wir schlossen zuvor einen Bund mit Adam, doch er vergaß ihn, und wir fanden in ihm keine Standhaftigkeit. Wir sprachen zu den Engeln: »Fallt nieder vor Adam.« Da fielen sie nieder außer Iblis, er weigerte sich. Und wir sprachen: »O Adam, dieser ist dir und deiner Frau ein Feind. Und nicht treibe er euch beide aus dem Paradies, dass du elend wirst. Dir ward, dass du nicht hungerst in ihm und nicht nackt bist. Und dass du darin weder durstig bleibst noch Hitze erleidest.« Und der Satan flüsterte ihm zu und sprach: »O Adam, soll ich dich zum Baum der Ewigkeit und einer Herrschaft hinführen, die nicht vergeht?« Und sie aßen beide von ihm, und sie wurden sich ihrer Blöße bewusst. Und sie begannen damit, sich mit den Blättern des Garten zu bedecken. Und Adam wurde ungehorsam gegen seinen Herrn und verfiel in Sünde.

86,5: Der Mensch möge bedenken, aus was für einem Stoff er erschaffen ist.

Der rechte Glaube

2,285: Es glaubt der Gesandte an das, was zu ihm herabgesandt ward von seinem Herrn, und die Gläubigen alle glauben an Gott und seine Engel und an seine Schriften und seine Gesandten. Wir machen keinen Unterschied zwischen einem seiner Gesandten.

Gott liebt nicht die Hochmütigen

16,23: Kein Zweifel, dass Gott weiß, was sie verbergen. Gott liebt nicht die Hochmütigen.

Gott wird stets die Dankbaren belohnen

41,51: Wenn wir dem Menschen Gnade erweisen, wendet er sich weg und hält sich abseits, statt sich dankbar zu zeigen. Wenn aber Unheil über ihn kommt, betet er immerfort.

Ihr Gläubigen, seid geduldig

3,200: O ihr Gläubigen, seid geduldig und wetteifert im Ausharren und fürchtet Gott, vielleicht geht es euch wohl.

Steht vor Gott in Ehrfurcht

2,244: Beobachtet das Gebet, besonders das mittlere, und steht vor Gott in Ehrfurcht.

Gott verzeiht dem Menschen …

4,107–110: Und verwende dich nicht für die, welche einander betrügen. Gott liebt keinen Betrüger und Sünder.

Sie verbergen sich vor den Menschen, doch können sie sich nicht vor Gott verbergen, und er ist bei ihnen, wenn sie des Nachts besprechen, was ihm nicht gefällt. Gott durchschaut all ihr Tun. Ihr verteidigt sie wohl in diesem Leben, wer aber wird sie vor

Gott am Tag der Auferstehung verteidigen und wer wird ihr Schützer sein?

Und wer eine Missetat tut und wider sich sündigt und dann Gott um Verzeihung bittet, wird Gott verzeihend und barmherzig finden.

Und wer eine Sünde begeht, begeht sie nur gegen sich selbst, und Gott ist wissend und weise.

… und zieht den Menschen zur Rechenschaft

99,1–8: Im Namen Gottes, des barmherzigen Erbarmers.
Wenn die Erde erbebt in ihrem Beben
Und die Erde herausgibt ihre Lasten
Und der Mensch spricht: ›Was fehlt ihr?‹,
An jenem Tag wird sie ihre Geschichte erzählen,
weil dein Herr sie inspiriert.
An jenem Tag werden die Menschen in Haufen hervorkommen, um ihre Werke zu schauen.

Und wer auch nur Gutes im Gewicht eines Stäubchens getan hat, wird es sehen.

Und wer Böses im Gewicht eines Stäubchens getan hat, wird es sehen.

Die Stellung der Frau

Der Islam schätzt Ehe und Familie sehr. Der Koran sieht in der Ehe geradezu eine Verpflichtung für heiratsfähige Männer und Frauen. Das Heilige Buch der Muslime knüpft an Ehe und Scheidung aber bestimmte Bedingungen. In Sure 4,3 wird dem Mann die Möglichkeit eingeräumt, bis zu vier Frauen zu heiraten. Gleichzeitig wird jedoch die Forderung gestellt, dass der Mann alle seine Ehefrauen gleich und gerecht behandeln müsse. Spätere Koranausleger haben dies oft als indirekte Aufforderung zur Einehe interpretiert. Die islamische Ehe ist kein Sakrament. Dennoch hat sie eine tiefe religiöse Bedeutung. Der vorher abgeschlossene Ehevertrag, bei dessen Abschluss zwei männliche oder ein männlicher und zwei weibliche Zeugen anwesend sein müssen, legt die Bedingungen fest. Hauptbestandteile des klassischen Ehevertrages sind die Höhe des Brautgeldes sowie die Bedingungen für eine eventuelle Scheidung. Oft wird in neueren Eheverträgen die Heirat mit einer zweiten Frau ausgeschlossen. Ein Muslim darf eine Nichtmuslimin heiraten; denn es wird davon ausgegangen, dass der Vater die religiöse Erziehung der Kinder bestimmt und so kein Verlust für die islamische Gemeinschaft entsteht. Eine Muslimin bzw. Muslima darf jedoch keinen Nichtmuslim heiraten, da ihre Kinder sonst in einem anderen Glauben aufwachsen.

Die Ehe gilt als eine vom Koran empfohlene Einrichtung, in der beide Partner in Liebe, Rahma (»Barmherzigkeit«) und Verständnis einander zugetan sein sollen. Trotzdem genießt der Mann eine gewisse rechtliche Vormachtstellung. So gilt zum Beispiel seine Zeugenaussage in Familienrechtsangelegenheiten mehr als die einer Frau. Man geht nämlich davon aus, dass die Frau durch ihren fehlenden gesellschaftlichen Umgang nicht die gleiche Urteilsfähigkeit besitzt. Töchter erben auch weniger als Söhne. Dies hängt damit zusammen, dass der Mann mit der Eheschließung die Verpflichtung übernimmt, für einen standesgemäßen Unterhalt seiner Frau, der Kinder (und unter Umständen anderer unverheirateter Angehöriger seiner Familie) zu sorgen, während die Frau nicht aus ihrem Vermögen zum Haushalt beitragen muss.

Die Frage nach der Stellung der Frau ist familien- und gesellschaftsbezogen. Sie impliziert zugleich die Frage nach der Stellung des Mannes und danach, welchen Stellenwert und welche Rechte beide Geschlechter in der Gesellschaft haben.

Die westliche Vorstellung vom islamischen Frauenbild ist bestimmt von einer angeblichen Frauenfeindlichkeit des Islam. Diese negative Vorstellung wird genährt durch die weit verbreitete Realität in islamischen Gesellschaften, zur Zeit vor allem in Afghanistan unter den Taliban und im Iran sowie durch die gängige Rechtspraxis: Phänomene wie Vorrang des Mannes in der Familie, Polygamie, einseitiges Scheidungsrecht, Ausschluss der Frau aus dem gesellschaftlichen Leben, das alleinige Fürsorgerecht des Mannes für die Kinder nach der Scheidung.

Bereits seit dem 19. Jahrhundert werden in den islamischen Ländern, auch unter dem Einfluss der Frauenbewegung im Westen, kontroverse Diskussionen über die Stellung der Frau in der islamischen Gesellschaft geführt. Man untersucht, welche der oben genannten Phänomene kulturabhängig und welche originär islamisch sind. Viele Erfolge zugunsten der Frau bzw. zur Unterbindung der Willkür des Mannes konnten bereits erzielt werden, wenn auch das Erstarken der islamistischen Kräfte in einigen Ländern zu einer deutlichen Verschlechterung der Stellung der Frau geführt hat.

Die eigentliche Grundlage für die Verbesserung der Stellung der Frau liefert der Koran selbst, vorausgesetzt, dass traditionelle Interpretationen in Frage gestellt und der Text des Korans selbst in den Mittelpunkt der Untersuchung gestellt wird.

In einer Zeit, in der nicht nur auf der arabischen Halbinsel, sondern in nahezu allen Kulturen die Entrechtung der Frau die vorherrschende gesellschaftliche Tendenz war, war es das Hauptanliegen des Korans, der Frau eine gleichwertige Stellung einzuräumen. Bezeichnend dafür ist das koranische Verbot, weibliche Säuglinge zu töten. Der Erfolg blieb jedoch dadurch beschränkt, dass sich die traditionellen, vom Koran bekämpften Gesellschaftsstrukturen wieder festigen konnten. Auch erreichte Teilerfolge wurden vielfach, wenn auch nicht überall, wieder verletzt.

Wichtige koranische Ansätze zur Verbesserung der Stellung der Frau: Es gibt keinen Wertunterschied zwischen Mann und Frau. Beide wurden in gleicher Weise aus einem Wesen geschaffen. Auch von einer Verführung Adams durch seine Frau ist im Koran nicht die Rede. Im Gegenteil: Nach Sure 20,120 flüstert Satan Adam ein: »O Adam, soll ich dich auf den Baum der Ewigkeit hinweisen?«

Der Islam bestimmt die Stellung des Individuums aus seiner Einbindung in die Gemeinschaft. Als kleinste Einheit dieser Gemeinschaft kommt der Familie eine besondere Bedeutung zu: nicht im Sinne der Kleinfamilie westlicher Prägung, sondern als Verband der verwandtschaftlich verbundenen Großfamilie. Hieraus leitet sich auch die Aufgabe beider Geschlechter ab. Während der Mann die Familie nach außen hin in der Gesamtgemeinschaft vertritt, kommt der Frau die Aufgabe zu, den Familienverband zu festigen und zu stärken. Hieraus leitet sich auch die besondere Treuepflicht von Frau und Mann ab. In Übereinstimmung damit gilt in der Ehe für beide Partner eine gegenseitige Verpflichtung zum Schutz der Persönlichkeit.

Nach dem Verständnis des Korans hat der Mann kein Recht, seiner Frau Befehle zu erteilen, außer in religiösen Angelegenheiten. Anderseits hat auch die Frau die Verpflichtung, ihren Mann bei religiösen Verfehlungen zurechtzuweisen. Außer dem Recht auf sexuelle Beziehungen darf der Mann von der Frau im rechtlichen Sinne nichts verlangen. Sie darf hingegen für Dienstleistungen, sogar für das Stillen des eigenen Kindes, vom

Mann Geld beanspruchen. Ein Gelehrter aus Saudi-Arabien bezeichnete die Arbeit der Frau zu Hause sogar als Sadaqa (»Almosen«) für Mann und Kinder. Die finanziellen und sozialen Verpflichtungen des Mannes sind im Islam sehr groß. Es ist seine Aufgabe, in jeder Hinsicht für ein standesgemäßes Leben seiner Frau zu sorgen, wie sie es aus dem Elternhaus gewohnt ist. Daneben muss er für Eltern, Kinder, Geschwister und nahe Verwandte der Frau sorgen, falls sie Hilfe benötigen. Die Frau hingegen verfügt uneingeschränkt und selbstständig über ihr Eigentum.

Die Verpflichtung des Mannes fasst Sure 4,34 zusammen: »Die Männer sind verantwortlich für die Frauen.« Der zweite Teil des Verses lautet: »dadurch, dass Gott die einen vor den anderen mit Vorzügen bedacht hat, und dadurch, dass die Männer von ihrem Vermögen für die Lebensbelange der Frau aufkommen.«

Wenn im Koran vom Vorrang des Mannes vor der Frau die Rede ist, wobei beiden gleichermaßen jeweils besondere Vorzüge zugestanden werden (4,32), wird dies aus der eben genannten Verantwortung begründet. Der Mann verliert diese Vorrangstellung in dem Moment, wenn er nicht mehr in der Lage ist, seinen sozialen Verpflichtungen nachzukommen. Der Vorrang ist also in erster Linie funktional begründet.

Wenn der Ehemann seiner Fürsorge und Schutzverpflichtung gegenüber der Familie nicht nachkommt, hat die Frau das Recht, öffentlich vor Gericht gegen ihn Klage zu führen. Im Fall der Auflehnung der Ehefrau gegenüber dem Mann – gemeint ist nur Untreue oder Veruntreuung seines Vermögens – verlangt der Koran (Sure 4,34) zum Schutz des guten Rufes der Frau in der Öffentlichkeit zunächst eine Beilegung des Streits in der Familie. Selbst in diesem – aus der Sicht des Korans – das Familienleben zerstörenden Fall soll das Problem zunächst durch »wirksame Gespräche« (Predigten) gelöst werden, was sicher in den meisten Fällen Erfolg versprechen dürfte. Sollte dies nicht der Fall sein, schlägt der Koran als weiteres Druckmittel Liebesentzug vor: »Meidet sie im Ehebett.« Der Mann soll seiner Gattin deutlich zeigen, dass er die Verletzung seiner Rechte (eheliche Treue und sorgsamer Umgang mit seinem Besitz) nicht hinnehmen wird. Bleibt auch dieser Weg erfolglos, deutet dies auf eine Zerstörung des Familiengefühls bei der Frau hin. Die letzte Konsequenz ist dann die Scheidung. Weil diese jedoch aus der Sicht des Islam eine verpönte Handlung ist, legt der Koran als letzten Rettungsversuch vor: »Schlagt sie« (4,34).

Die Misshandlung von Frauen durch ihre Männer war zur Zeit von Mohammed weit verbreitet. Diese Praxis wird von Mohammed entschieden bekämpft. Schon kurz nach Mohammeds Tod beschäftigte dieser Vers die Muslime. Das »Schlagen« wurde gedeutet im Sinne eines die Unzufriedenheit symbolisch ausdrückenden »nichtschmerzenden Schlages«. Die auch unter Muslimen verbreitete Rechtfertigung von Tätlichkeiten gegenüber der Frau widerspricht insgesamt dem Grundanliegen des Korans. Der tunesische Historiker Mohammed Talbi geht davon aus, dass das den Männern eingeräumte Recht, Frauen unter bestimmten Umständen zu schlagen, einen Konflikt in der Gemeinde von Medina widerspiegelt. Die Frauen der aus Mekka eingewanderten Neumuslime hätten angesichts des selbstbewussten Auftretens der medinensischen Frauen angefangen, den Männern zu widersprechen und sich als Herrinnen im Haus aufzuführen. Darüber habe sich der einflussreiche Prophetengefährte Umar ibn al-Khattab bei Mohammed beschwert. Der Prophet, der ein Gegner von Gewalt gegen Frauen war, hätte unter dem Druck seiner Weggefährten und geschwächt durch militärische Niederlagen dem Streit durch eine entsprechende Offenbarung ein Ende zugunsten der Männer bereitet.

Der liberale österreichische Muslim Smail Balić äußerte sich einmal zu diesem Vers: »Ich bin der festen Überzeugung, dass die gegenständliche Aya (sc. Vers) mit Rücksicht auf ihre nicht mehr zutreffenden Prämissen nur noch historischen Wert hat.«

Trotzdem kommt Misshandlung von Frauen bis heute in der islamischen Welt vor, wobei sich manche Täter sogar auf den Koran berufen. Doch widerspricht diese auch unter Muslimen verbreitete Rechtfertigung von Tätlichkeiten gegenüber der

Frau aus dem Koran insgesamt der Intention des Korans. Auf großes Befremden stößt bei uns zu Recht das zum Teil aus dem Koran abgeleitete islamische Strafrecht. Es schreibt vor, Ehebrecher zu schlagen oder zu steinigen. Allerdings wird in der heutigen Praxis oft übersehen, welche strengen Maßstäbe der Koran an die Zahl der Zeugen legt und dass Falschaussagen streng geahndet werden sollen.

Fürchtet euren Herrn, der euch aus einem einzigen Wesen erschaffen hat

4,1: Im Namen Gottes, des barmherzigen Erbarmers.
Ihr Menschen fürchtet euren Herrn, der euch aus einem einzigen Wesen geschaffen hat und der aus ihm einen Partner und aus ihnen beiden viele Männer und Frauen hervorgebracht und sich über die Erde hat ausbreiten lassen.
42,11: Im Namen Gottes, des barmherzigen Erbarmers.
Der Schöpfer des Himmels und der Erde hat für euch Frauen gemacht aus eurer Gattung und von den Tieren Weibchen, hierdurch vermehrt er euch. Nichts ist ihm gleich. Er ist der Hörende, der Schauende.

Und zu seinen Zeichen gehört, dass Er aus euch selber Gattinnen geschaffen hat

30,20: Und es gehört zu seinen Zeichen, dass Er euch Partner aus euch (Menschen) schuf, auf dass ihr Frieden [innere Ruhe] bei ihnen fändet; und Er hat Zuneigung und Barmherzigkeit zwischen euch gesetzt.
2,187: Eure Frauen sind wie ein Gewand für euch, und ihr seid wie ein Gewand für sie.
24,32: Wer heiratet, hat eine Hälfte seiner Frömmigkeit gesichert, dann soll er für die zweite Hälfte Gott fürchten.

Und wenn ihr fürchtet, nicht gerecht zu sein …

4,3: Und so ihr fürchtet, nicht Gerechtigkeit gegen die Waisen zu üben, so nehmt euch zu Frauen, die euch gut dünken, nur eine, zwei, drei oder vier, und wenn ihr fürchtet, nicht gerecht zu sein, nur eine. So könnt ihr am besten vermeiden, Unrecht zu tun.

Verkehrt mit ihnen nach Billigkeit

4,19–25: O ihr Gläubigen, es ist euch nicht gestattet, dass ihr die Frauen mit Gewalt als Erbschaft behaltet. Und haltet sie nicht zurück, um einen Teil von dem, was ihr ihnen gegeben habt, euch anzueignen – es sei denn, sie begehen eine einwandfreie Schandtat. Sondern verkehrt mit ihnen nach Billigkeit, wenn sie euch aber nicht gefallen, so seid nicht hart gegen sie, denn es ist ja möglich, dass euch etwas gefällt, aber Gott findet doch Gutes in Fülle daran.

Und solltet ihr eine andere Frau anstelle der bereits vorhandenen Frau begehren und ihr der ersten bereits eine bestimmte Menge Geldes gegeben haben, so nehmt nichts davon zurück. Wollt ihr es etwa durch Verleumdung und klare Lüge nehmen?

Und wie werdet ihr es wagen, wo ihr tatsächlich miteinander verkehrt habt und die Frauen feste Versprechen von euch bekommen haben?

Und nehmt nicht zu Gatten Frauen, die eure Väter als Gattinnen gehabt haben – was vor diesem Gesetz geschehen sei, sei vergeben –, das ist eine Schandtat und ein Abscheu und ein schlechter Brauch.

Verboten sind euch eure Mütter und eure Töchter und eure Schwestern und eurer Mütter Schwestern und die Töchter des Bruders und die Töchter der Schwester und eure Ammen und eure Milchschwestern und die Mütter eurer Frauen und eure Stieftöchter, die in eurem Schutz stehen, sofern sie von euren Frauen stammen, denen ihr beigewohnt habt, habt ihr ihnen aber nicht beigewohnt, so ist es für euch keine Sünde, ferner die Ehefrauen eurer Söhne, und dass ihr zwei Schwestern zusammenhabt – es sei denn bereits vor diesem Gesetz geschehen. Gott ist ja vergebend und barmherzig.

Ferner sind euch verboten alle Verheirateten unter den Frauen, außer denen, die ihr als Kriegsgefangene besitzt, dies alles ist eine Vorschrift Gottes für euch. Erlaubt ist euch also jede Heirat, die außerhalb dieser Grenze liegt, sodass ihr sie als eure gesetzmäßigen Ehefrauen eurem Vermögen gemäß heiratet, Unzucht mit ihnen zu treiben, ist euch verboten. Und wenn ihr welche von ihnen zu heiraten begehrt, so gebt ihnen ihre Morgengaben. Dies ist eine Verpflichtung. Doch soll es keine Sünde sein, wenn ihr über diese Vorschrift hinaus miteinander Übereinkunft trefft. Siehe, Gott ist allwissend und weise.

Und wer von euch nicht vermögend genug ist, gläubige Frauen zu heiraten, der heirate von den gläubigen Sklavinnen, die seine Rechte besitzt. Und Gott kennt sehr wohl euren Glauben. Ihr seid einer vom anderen. Drum heiratet sie mit Erlaubnis ihrer Herrn und gebt ihnen ihre Morgengabe nach Billigkeit. Sie seien jedoch keusch und sollen keine Unzucht begehen und sich keinen Geliebten nehmen.

4,127: Und sie werden dich über die Frauen befragen, so antworte ihnen: »Gott verkündet alles über sie, und die Schrift, die euch vorgelesen wurde, hat schon das Nötige über die weiblichen Waisen verkündet, denen ihr nicht gebt, was für sie vorgeschrieben ist, während ihr sie heiraten wollt, nur um an ihr Geld zu kommen.« Ebenso sprach die Schrift über die hilflosen Kinder und dass ihr den Waisen mit Gerechtigkeit beistehen sollt. Und was ihr auch an Gutem tut, so weiß Gott darüber Bescheid.

23,1–11: Im Namen Gottes, des barmherzigen Erbarmers.

Wohl ergeht es den Gläubigen, die in ihrem Gebet demütig sind, sich von Eitlem fern halten, sich um Reinheit bemühen und ihre Keuschheit bewahren, es sei denn gegen ihre Gattinnen oder ihre hinzu geheirateten Gefangenen, denn hierin sind sie wirklich nicht zu tadeln, wer aber hierüber hinaus begehrt, das sind die Übertreter. Und die die ihnen anvertrauten Güter und ihre Versprechen hüten und die auf ihre Gebete gewissenhaft achten, diese, das sind die Erbenden, welche das Paradies erben, sie sollen darin verweilen.

Von der Erbschaft

4,7: Von dem, was die Eltern und nächsten Verwandten hinterlassen, es mag wenig sein oder viel, steht den Männern ein bestimmter Anteil zu, desgleichen den Frauen.
4,12–13: Gott schreibt euch vor hinsichtlich eurer Kinder, dem Knaben zweier Mädchen Anteil zu geben. Sind es aber nur Mädchen, mehr als zwei, sollen sie zwei Drittel der Hinterlassenschaft erhalten. Ist es nur ein Mädchen, soll sie die Hälfte haben. Und die Eltern sollen ein jeder von ihnen den sechsten Teil der Hinterlassenschaft haben, so er ein Kind hat. Hat er jedoch kein Kind und seine Eltern beerben ihn, soll seine Mutter den dritten Teil haben. Und so er Brüder hat, soll seine Mutter den sechsten Teil nach Bezahlung eines etwa gemachten Legats oder einer Schuld haben. Eure Eltern und eure Kinder, ihr wisst nicht, wer von beiden euch an Nutzen näher steht. Dies ist ein Gebot von Gott. Siehe, Gott ist wissend und weise.

Und euch sei die Hälfte dessen, was eure Gattinnen hinterlassen, so sie kein Kind haben, haben sie jedoch ein Kind, so sollt ihr den vierten Teil haben von ihrer Hinterlassenschaft, nach Abzug eines von ihnen etwa gemachten Vermächtnisses oder einer Schuld.
4,32: Den Männern steht ein bestimmter Anteil zu, von dem, was sie erworben haben; ebenso den Frauen.

Sage den Frauen, dass sie ihre Keuschheit bewahren

24,30–33: Sag den gläubigen Männern, sie sollen ihre Blicke senken und ihre Keuschheit hüten. Dies ist reiner für sie. Siehe, Gott kennt ihr Tun.

Ebenso sage den gläubigen Frauen, dass sie ihre Blicke senken und ihre Keuschheit bewahren und ihre Schönheit nicht enthüllen. Und sie sollen ihre Schleier über ihre Busen schlagen und ihre Schönheit nur ihren Ehegatten zeigen oder ihren Söhnen oder den Söhnen ihrer Ehegatten oder ihren Brüdern oder den Söhnen ihrer Brüder oder den Söhnen ihrer Schwestern oder ihren weiblichen Familienangehörigen oder denen, die sie rechtmäßig besitzen, oder den männlichen Dienern, die keinen Trieb mehr haben, oder den

Kindern, welche noch nicht wissen, was bei Frauen zu verbergen ist. Und sie sollen ihre Füße nicht zusammenschlagen, damit ihre verborgenen Reize verdeckt bleiben. Und bekehrt euch zu Gott allesamt ihr Gläubigen, damit ihr Glück findet.

Und verheiratet die Ledigen unter euch und die Heiratsfähigen von euren Sklaven und Sklavinnen. Wenn sie arm sind, wird Gott sie reich machen. Mit seiner Gnade, denn Gott ist der reichlich Spendende, der Allwissende.

Und es sollen keusch bleiben, die eine Heirat nicht ermöglichen können, bis Gott sie mit seiner Gnade hierzu ausgestattet hat. Und, was diejenigen betrifft, die eure Rechte besitzt (eure Sklaven), wenn sie einen Freibrief begehren, so stellt ihnen einen Freibrief aus, sofern ihr von ihnen Gutes wisst, und gebt Ihnen vom Guten Gottes, das er euch gegeben. Und zwingt eure Dienerinnen, wenn sie züchtig bleiben wollen, nicht zur Unzucht, etwa weil ihr Gut des hiesigen Lebens dadurch erlangen könntet. Wenn einer sie aber trotzdem zwingt, so ist Gott nach ihrem Zwang den Dienerinnen gewiss verzeihend und barmherzig.

Die Männer sind verantwortlich für die Frauen

4,34: Die Männer sind verantwortlich für die Frauen dadurch, dass Gott die einen vor den anderen mit Vorzügen bedacht hat, und dadurch, dass die Männer von ihrem Vermögen für die Lebensbelange der Frau aufkommen. Die guten Frauen sind deshalb gehorsam und Beschützerinnen der Gemeinsamkeit in Abwesenheit des Mannes, weil Gott diese Gemeinsamkeit beschützt haben will. Und wenn ihr fürchtet, dass irgendwelche Frauen sich auflehnen, dann vermahnt sie, meidet sie im Ehebett und schlagt sie! Wenn sie euch dann wieder gehorchen, dann unternehmt weiter nichts gegen sie! Gott ist erhaben und groß und verzeiht.

Und wenn ihr einen Zwiespalt zwischen ihnen (den Eheleuten) fürchtet, so bestimmt einen Schiedsrichter aus des Mannes Familie und einen Schiedsrichter aus der Familie der Frau, sollten sie dann eine Besserung ihrer Verhältnisse wirklich wünschen, so wird Gott zwischen ihnen Frieden stiften, Gott ist ja allwissend und weise.

2,223: Eure Frauen sind euch ein Saatfeld. Geht zu eurem Saatfeld, wo immer ihr wollt.

Männer und Frauen tragen gemeinsam Verantwortung

9,71: Die gläubigen Männer und Frauen tragen die Verantwortung füreinander. Sie gebieten das Rechte und verbieten das Verwerfliche.
3,195: Ich [Gott] lasse nicht verloren gehen das Werk eines von euch, mag es begangen haben Mann oder Frau, die einen von euch sind von den anderen.
24,23: Diejenigen, welche züchtige Frauen, die unbedacht, aber doch gläubig sind, verleumden, sind verflucht hienieden als auch im Jenseits. Sie empfangen gewaltige Strafe.

Über die Scheidung: erlaubt, aber verpönt

33,49: O, die ihr glaubt, wenn ihr gläubige Frauen heiratet und euch von ihnen scheidet, bevor ihr sie berührt habt, so habt ihr keinen Termin in Bezug auf sie einzuhalten. Doch versorgt sie und entlasst sie in geziemender Weise.
33,59: O Prophet, sage zu deinen Frauen und Töchtern und den Frauen der Gläubigen, sie sollen ihre Übergewänder umwerfen. Das trägt am meisten dazu bei, dass man sie als Frauen von Stande erkennt und nicht belästigt. Und Gott ist der Beschützer und Barmherzige.
65,1–4: O Prophet, wenn ihr euch von euren Frauen scheidet, so scheidet euch von ihnen zu der für sie festgesetzten Frist, und seid Gott eurem Herrn gegenüber ehrfürchtig. Vertreibt sie nicht aus ihren Häusern – noch sollen sie allein fortgehen –, wenn sie nicht eine offene Schandtat begangen haben. Und dies sind die Grenzen Gottes, wenn aber einer die Grenzen Gottes übertritt, so sündigt er gegen sich selber. Du weißt nicht. Vielleicht lässt Gott nach dieser Sache eine andere geschehen.

Und wenn sie ihre Frist erreicht haben, entweder behaltet sie in Billigkeit oder entlasst sie in Güte. Und nehmt als Zeugen zwei Gerechte aus eurer Mitte und legt das Zeugnis ab im Namen Gottes.

Dies ist es, womit ermahnt wird, wer an Gott glaubt und den Jüngsten Tag. Und wer Gott fürchtet, für den schafft er einen Ausgang.

Und ihn versorgt er, woher er nicht geahnt. Und wenn einer auf Gott vertraut, dem ist er genug. Wahrlich, Gott setzt seinen Willen durch. Gott hat für jedes Ding ein Maß geschaffen.

Und was diejenigen von euren Frauen anbelangt, die keine Regel mehr zu erwarten haben, sollt ihr darüber im Zweifel sein, so ist ihre Frist drei Monate, ebenso diejenigen, die noch keine Regel hatten. Und für die Schwangeren gilt die Frist, dass sie ihre Bürde abgelegt haben. Und wer Gott fürchtet, dem schafft er in seiner Sache Erleichterung.

Propheten und Gesandte als Übermittler der göttlichen Botschaft

Gottes Boten vor Mohammed

Nach islamischem Verständnis ist Mohammed das »Siegel der Propheten« (33,40). Doch schon vor ihm brachten andere »Propheten« und »Gesandte« zu verschiedenen Völkern die Botschaft vom einen und einzigen Gott. Der Monotheismus ist allen Menschen von der Schöpfung an mitgegeben worden. Wegen der menschlichen »Vergesslichkeit« wurde es jedoch nötig, die Menschen wieder an diese Tatsache zu »erinnern«. Dies ist die Aufgabe des Nabi (»Propheten«) und Rasul (»Gesandten«). Grundsätzlich ist ihre Botschaft überall und zu jeder Zeit im Kern die gleiche: »Es gibt keinen Gott außer mir. Dienet mir!« (21,25). Die Propheten erlitten das für sie typische Prophetenschicksal: Ihre Botschaft wurde nicht akzeptiert und sie wurden angefeindet und verfolgt. Doch Gott errettete sie stets und bestrafte die Ungläubigen. Neben altarabischen Propheten erwähnt der Koran biblische Propheten, insbesondere Adam, der als erster Prophet gilt, Noah, Abraham, Mose, Jesus. Ein Gesandter unterscheidet sich nach dem Koran vom Propheten dadurch, dass er eine »Schrift« bringt.

Die Propheten als Verkünder froher Botschaft

2,213: Die Menschheit bildete eine einzige Gemeinschaft. Dann entsandte Gott Propheten, die als Verkünder einer frohen Botschaft und als Mahner auftraten. Er sandte durch sie auch das Buch mit der Wahrheit herab, damit sie als Richtschnur für das diene, worüber die Menschen verschiedener Meinung sind. Es waren nur die Menschen, denen die Schrift überbracht worden war und die aus Eifersucht uneins wurden, obwohl sie eindeutige Lehren erhalten hatten. Daraufhin führte Gott diejenigen, die glaubten, mit seiner Erlaubnis zur Wahrheit, über die sie zerstritten waren. Gott leitet, wen er will, auf den geraden Weg.

Abraham, der Freund Gottes und Baumeister der Kaaba

2,124 ff.: Als Abraham von seinem Herrn durch Gebote, die er erfüllte, geprüft wurde, sprach er: Ich mache dich zu einem Führer für alle Menschen. Er sagte: Gilt das auch für meine Nachkommen? Da sprach er: Mein Bund erreicht nicht die Ungerechten. Und damals, als wir das Haus der Kaaba zu einem Versammlungsort und einer Zufluchtsstätte für die Menschen machten und sprachen: Nehmt die Stätte Abrahams als Gebetsort an, da verpflichteten wir Abraham und Ismail: Reinigt mein Haus für die Menschen, die darin weilen, sich beugen und niederwerfen. Damals, als Abraham sprach: Mache diesen Ort zu einer Stätte der Sicherheit und versorge sein Volk mit Früchten, alle, die an Gott glauben und den Jüngsten Tag, sagte er: Wer ungläubig ist, soll nur kurze Zeit genießen. Dann werde ich ihn in die Qual des Feuers vertreiben. Dies ist ein schlimmes Los. Gedenke, damals als Abraham und Ismail beim Aufbau der Grundmauern der Kaaba waren, da sprachen sie: Unser Herr, nimm es von uns an; denn du bist der Hörende und Wissende. O Herr, mache uns beide dir ganz ergeben [d. h. zu Muslimen] und aus unseren Nachkommen ein dir ergebenes Volk. Zeige uns unsere Riten und wende dich uns zu; denn du bist der Vergebende, der Barmherzige. O unser Herr, sende zu ihnen einen Gesandten aus ihrer Mitte, der sie deine Zeichen lehren soll und das Buch der Weisheit und sie läutern soll. Ja, du bist der Gewaltige und Weise. Wer kann sich von der Religion Abrahams abwenden außer dem, der sich selbst betrügt. Wir haben ihn in dieser Welt ausgewählt, und er gehört im Jenseits zu den Rechtschaffenen. Als sein Herr zu ihm sprach: Sei mir ergeben!, sagte er: Ich ergebe mich ganz dem Herrn der Welten. Abraham ermahnte seine Söhne dazu, desgleichen tat Jakob: O meine Söhne: Gott erkor ja für euch diesen Glauben. Sterbt daher nicht, ohne Gott ergeben geworden zu sein. Wart ihr Zeugen, als der Tod Jakob nahte und er zu seinen Söhnen sprach: Wen werdet ihr nach mir verehren? Sie sprachen: Wir werden deinen Gott und den Gott deiner Väter Abraham und Ismail und Isaak anbeten, den alleinigen Gott. Zu ihm wollen wir uns bekehren … Sprecht: Wir glauben an Gott und an das, was er zu uns niedersandte und was er zu Abraham, Ismail und Isaak und Jakob und den Stämmen niedersandte und an das, was Mose und Jesus gegeben wurde, und an das, was den Propheten von ihrem Herrn gegeben wurde. Wir machen keinen Unterschied zwischen einem von ihnen, und wir sind Gott ergeben (…)

Ihr Volk der Schrift, warum streitet ihr euch über Abraham, da doch die Tora und das Evangelium erst nach ihm herabgesandt wurden. Begreift ihr das denn nicht? Ihr habt doch über das gestritten, worüber ihr einige Kenntnisse besitzt. Weshalb streitet ihr denn auch über das, worin ihr gar keine Kenntnisse besitzt. Gott weiß es, aber ihr wisst es nicht. Abraham war weder ein Jude noch ein Christ. Er war vielmehr ein rechtgläubiger Gottergebener (Muslim), und er hat Gott niemanden beigesellt.

Wir machen keinen Unterschied zwischen einem von ihnen

3,84: Sprecht: »Wir glauben an Gott und an das, was zu uns herabgesandt wurde, und was auf Abraham, Ismail, Isaak, Jakob und die Stämme herabgesandt worden ist, und was Mose, Jesus und die Propheten von ihrem Herrn erhalten haben. Wir machen keinen Unterschied zwischen einem von ihnen. Und wir sind ihm ergeben.«
5,48: Herabgesandt haben wir die Tora, in der sich eine Leitung und ein Licht befinden, mit der die Propheten, welche Muslime waren, die Juden richteten und die Rabbiner und Lehrer richteten nach dem vom Buch Gottes, was ihrer Hut anvertraut war und was sie bezeugten. Drum fürchtet nicht die Menschen, sondern fürchtet mich und verkauft nicht meine Zeichen um einen geringen Preis. Und wer

nicht richtet nach dem, was Gott hinabgesandt hat, das sind Ungläubige.

5,46: Und in ihren Spuren ließen wir folgen Jesus, den Sohn der Maria, damit er bestätige, was von der Tora vor ihm vorhanden war. Und wir gaben ihm das Evangelium, in dem Rechtleitung und Licht enthalten waren und das bestätigt, was von der Tora vor ihm vorhanden war, und eine Rechtleitung und Ermahnung für die Gottesfürchtigen.

Jesus

Jesus spielt im Islam eine bedeutende Rolle. Im Koran heißt er Isa, ein in der islamischen Welt geläufiger männlicher Vorname. Erwähnt wird Jesus in 15 Suren des Korans, d. h. in etwa 100 Versen. Sechs gehören zu den mekkanischen Suren, neun zu den späteren medinensischen. Teils erfolgt die Erwähnung Jesu sporadisch, teils in zusammenhängenden Erzählungen. Im Allgemeinen findet sich der Isa-Stoff in einen Rahmen von Prophetenerzählungen eingefügt (19,1–40). Isa ist Abd (»Diener«), Nabi (»Prophet«), Rasul (»Gesandter«), al-Masih (»Messias«), Kalima (»Wort Gottes«), Ruh (»Geist Gottes«) und Bringer der Schrift, nämlich des als ein Buch aufgefassten Indjil (»Evangelium«). Der Koran nennt Isa »Sohn der Maria«, nicht aber »Sohn Gottes«, weil dies gegen den Monotheismus verstößt. Isa wird als Zeuge gegen die Christen angerufen: Statt in seiner Botschaft den bereits von anderen Propheten vor ihm verkündeten Monotheismus hervorzuheben, haben die Christen Isa vergöttlicht und in ihrer Trinitätslehre zu Einem von Dreien gemacht. Isa ist gestorben, zu Gott erhöht worden (3,55). Er ist nicht gekreuzigt worden (4,157 ff.). Wie die anderen Propheten und Gesandten vor ihm hat Isa den Auftrag, den Dienst der Menschen gegenüber dem einen und einzigen Gott zu verkünden: »Gott ist mein Herr und euer Herr; dient ihm also! Das ist ein gerader Weg!« (19,36; 43, 64 u. ö.). Isa werden außerordentliche Fähigkeiten zugesprochen, die sonst in ihrer Gesamtheit im Koran keinem anderen Menschen, nicht einmal Mohammed, zugeschrieben werden. Wie Adam (3,59) entstand er ohne menschlichen Vater – einfach auf einen Befehl Gottes. Isas Mutter Maria wird wegen ihrer »Reinheit« über »die Frauen in aller Welt« gehoben (3,42). Vom koranischen Isa werden nicht nur außergewöhnliche Aya (»Zeichen«) – Wundertaten, Heilungen, Totenerweckungen – berichtet. Isa gilt selbst als »Zeichen Gottes«, mit dem Gott die Menschen auf sich hinweisen und ihnen mitteilen will, dass er vorhat, ihnen mit Barmherzigkeit zu begegnen. Dieser Zeichencharakter unterscheidet Isa von allen anderen Propheten, Mohammed eingeschlossen. Während Isa im Koran vor allem durch sein Reden und Handeln hervortritt, zeichnet der Sufismus, die islamische Mystik, von ihm das Bild eines heimatlos-asketischen Wanderers.

Auch moderne islamische Denker beschäftigen sich mit Isa. So interpretieren ihn islamische Sozialisten zum Beispiel als Sozialreformer und Bruder Mohammeds, weil beide versuchten, die Menschheit von Tyrannei und Ungerechtigkeit zu befreien. Der ägyptische Schriftsteller und Orthopäde Muhammad Kamil Husain, der mit seinem 1954 erschienenen Jesus-Roman »Sündige Stadt« (gemeint ist Jerusalem) einen Literaturpreis seines Landes gewann, schildert die Atmosphäre in Jerusalem am Kreuzigungstag. Er erörtert unter psychologischem Blickwinkel die Folgen, die dieses Ereignis für das allgemeine christliche Bewusstsein hatte. Optimistisch folgert Husain: Wenn alle an der Kreuzigung beteiligten Personengruppen sich von ihrem Gewissen hätten leiten lassen, wäre die furchtbare Tat verhindert worden.

Die Ankündigung der Geburt des Johannes

3,33–41: Gott erwählte ja Adam und Noah und die Sippe Abrahams und die Sippe Imrans vor aller Welt als Nachkommen, bei denen die einen von den anderen abstammen. Gott hört und weiß alles. Damals, als die Frau Imrans sagte: Mein Herr, ich verspreche dir, was sich in meinem Leib befindet, und weihe es dir. Nimm es von mir an! Du bist der, der alles hört und sieht. Und als sie Maria zur Welt brachte, sprach sie: O mein Herr, ich habe ein Mädchen geboren. Gott wusste sehr wohl, was sie geboren hatte. Ein Junge ist nicht wie ein Mädchen. Ich nannte sie Maria. Ich möchte, dass sie und alle ihre Nachkommen bei dir vor dem gesteinigten Satan Zuflucht finden. Gott nahm sie huldreich an und ließ sie auf schöne Weise heranwachsen und vertraute sie Zacharias an. Sooft Zacharias in das Heiligtum trat, fand er bei ihr Nahrung. Er fragte: Maria, woher hast du das? Sie sagte: Es ist von Gott. Gott versorgt, wen er will, ohne zu rechnen. Da betete Zacharias zu seinem Herrn: Schenke mir eine gute Nachkommenschaft; denn du erhörst das Gebet. Da riefen die Engel zu ihm, während er im Heiligtum stand und betete: Gott verkündet dir den Johannes als Bestätigung eines Wortes von Gott und als Herrn, Asketen und Propheten unter den Rechtschaffenen. Er sagte: Mein Herr, wie soll ich einen Sohn bekommen, wo ich doch schon so alt bin und meine Frau unfruchtbar ist? Er aber sagte: Gott tut, was er will. Er sagte: Mein Herr! Setze mir ein Zeichen. Er antwortete: Dein Zeichen besteht darin, dass du drei Tage nicht mit den Menschen sprichst; es sei denn durch Zeichen. Denke oft an deinen Herrn und preise ihn abends und morgens.

Ankündigung und Geburt Jesu

19,42–47: Damals, als die Engel zu Maria sagten: O Maria, Gott hat dich auserkoren und gereinigt – auserkoren vor allen Frauen der Welt. O Maria, gehorche deinem Herrn, wirf dich nieder und verneige dich mit denen, die sich verneigen. (…) Damals, als die Engel sagten: O Maria, Gott verkündet dir ein Wort von ihm. Sein Name ist der Messias Jesus, Sohn der Maria, angesehen im Diesseits und Jenseits als einer von denen, die Gott nahe stehen. Er wird in der Wiege zu den Menschen sprechen und als Erwachsener, und er wird zu den Rechtschaffenen gehören. Sie sagte: Mein Herr, wie soll ich ein Kind bekommen, da mich kein Mann berührt hat? Er sagte: So ist Gott. Er schafft, was er will. Und wenn er eine Sache beschlossen hat, so sagt er nur: Sei!, und es geschieht. Und er wird ihn das Buch, die Weisheit, die Tora und das Evangelium lehren.

19,16–22: Und gedenke auch im Buch der Maria, als sie sich von ihren Angehörigen an einen östlichen Ort zurückzog. Sie nahm sich einen Vorhang vor ihnen. Da sandten wir unseren Geist zu ihr. Er erschien ihr als ein vollkommener Mann. Sie sprach: »Ich suche Zuflucht vor dir beim Erbarmer, wenn du gottesfürchtig bist.« Er sprach: »Ich bin nur ein Gesandter deines Herrn, um dir einen reinen Jungen zu schenken.« Sie sprach: »Wie sollte ich einen Jungen bekommen, wo mich kein Mann berührt hat, und ich bin keine Hure.« Er sprach: »So wird es sein. Dein Herr spricht: Es fällt mir leicht. Wir wollen ihn zu einem Zeichen für die Menschen machen und zu einer Barmherzigkeit von uns. Und es ist eine beschlossene Sache.« So empfing sie ihn und zog mit ihm nach einem entfernten Ort.

O Maria, Gott hat dich auserwählt

3,42–47: Als die Engel sprachen: »O Maria, Gott hat dich auserwählt und rein gemacht, und er hat dich vor allen Frauen in der Welt auserwählt. O Maria, sei deinem Herrn demütig ergeben und beuge dich mit den sich Beugenden.« Dies ist eine der Verkündigungen, die dem normalen Sterblichen verborgen ist. Du warst ja nicht bei ihnen, als sie ihre Losstäbe warfen, wer von ihnen Maria aufziehen dürfe. Und du warst nicht bei ihnen, als sie darüber stritten. Als die Engel sagten: O Maria, Gott verkündet dir ein Wort von sich. Sein Name ist der Messias Jesus, der Sohn der Maria. Er ist angesehen im Diesseits und Jenseits und einer der Gottnahen. Und er wird mit den Menschen reden in der Wiege und wird als Erwachsener einer der Rechtschaffenen sein. Sie sprach: »Mein Herr, wie soll ich ein Kind bekommen, wo mich noch kein Mann berührt hat?« Er sprach: »So ist Gott. Er erschafft, was er will. Wenn er eine Sache beschlossen hat, sagt er nur dazu: ›Sei!‹, und sie ist.«

Die Geburt Jesu

19,23–34: Da zwangen sie die Wehen, an den Stamm einer Palme zu gehen. Sie sprach: »O wäre ich doch vorher gestorben, vergessen und verschollen!« Da rief er ihr von unten her zu: »Sei nicht traurig, dein Herr hat unter dir einen fließenden Bach gemacht. Schüttle nur den Stamm der Palme zu dir, sie lässt dann frische reife Datteln auf dich hinabfallen. Iss und trink also und sei frohen Mutes. Und wenn du einen Menschen siehst, so sprich: ›Ich habe dem Erbarmer ein Fasten gelobt; darum werde ich heute mit keinem Menschen reden.‹« Dann kam sie mit ihm zu ihrem Volk, indem sie ihn auf dem Arm trug. Sie sprachen: »O Maria, du hast etwas Unerhörtes getan! O Schwester Aarons, dein Vater war kein schlechter Mann und deine Mutter keine Hure.« Und sie zeigte auf ihn. Sie sprachen: »Wie sollen wir mit ihm, der noch ein Kind ist, in der Wiege reden?« Er [Jesus] sprach: »Ich bin der Diener Gottes. Er hat mir die Schrift gegeben und mich zu einem Propheten gemacht. Und er machte mich zum Gesegneten, wo immer ich bin, und befahl mir das Gebet und die Pflichtabgabe, solange ich lebe, und Sorgsamkeit gegen meine Mutter; und er macht mich nicht gewalttätig und unselig. Und Friede sei über mir am Tag meiner Geburt und am Tag, wenn ich sterbe und wenn ich zum Leben auferweckt werde.« Das ist Jesus, der Sohn der Maria, das Wort der Wahrheit, das sie bezweifeln.

Die Botschaft Jesu

3,49–53: Und er wird ein Gesandter zu den Kindern Israels sein: Ich bin mit einem Zeichen von eurem Herrn zu euch gekommen. Ich will euch aus Ton eine Gestalt erschaffen, wie die Gestalt eines Vogels, und ich will in sie einhauchen, und es wird mit der Erlaubnis Gottes ein wirklicher Vogel sein. Und ich werde die Blindgeborenen und Aussätzigen heilen und die Toten wieder mit der Erlaubnis Gottes lebendig machen. Ich werde euch verkündigen, was ihr essen und in euren Häusern speichern sollt. Dies ist ein Zeichen für euch, wenn ihr gläubig seid. Ich komme, um zu bestätigen, was von der Tora vor mir da war, und um euch einen Teil dessen zu erlauben, was euch vorher verboten war. Ich bin mit einem Zeichen von eurem Herrn zu euch gekommen. Daher fürchtet Gott und gehorcht mir. Gott ist mein Herr und euer Herr. Daher betet zu ihm. Dies ist ein gerader Weg.

Als aber Jesus ihren Unglauben spürte, sagte er: »Wer sind meine Helfer auf dem Weg zu Gott?« Die Jünger sprachen: »Wir sind die

Helfer Gottes, und wir glauben an Gott. Bezeuge, dass wir ihm ergeben sind. Wir glauben an das, was du herabgesandt hast, und folgen dem Gesandten.«

19,30–37: Ich bin der Diener Gottes. Er gab mir die Kenntnis der Schrift, und er machte mich zum Propheten. Und er machte mich zum Gesegneten, wo immer ich bin, und befahl mir Gebet und Pflichtabgabe, solange ich lebe, und auch Sorgsamkeit gegen meine Mutter; und er macht mich nicht gewalttätig und unselig. Und der Frieden Gottes war über mir, als ich geboren wurde, und wenn ich sterbe und wenn ich zum Leben auferweckt werde. Dies ist Jesus, der Sohn der Maria, das Wort der Wahrheit, an dem sie zweifeln. Es kommt Gott nicht zu, sich ein Kind zu nehmen. Preis sei ihm! Wenn er eine Sache beschließt, so sagt er zu ihr: »Sei!« Und sie ist. [Jesus sprach]: »Und Gott ist mein Herr und euer Herr; dient ihm also; das ist ein gerader Weg.« Dann wurden die Gruppen unter ihnen uneins; wehe denen, die ungläubig sind angesichts dessen, dass sie doch an einem gewaltigen Tag erscheinen müssen.

Jesus ist ein Diener Gottes

4,172: Der Messias verschmäht es nicht, ein Diener Gottes zu sein, und auch nicht die nahe stehenden Engel. Wenn einer es verschmäht, ihm zu dienen, und sich hochmütig zeigt, so wird Gott sie alle zu sich versammeln.

Jesus ist nicht Gottes Sohn

6,101: Der Schöpfer des Himmels und der Erde, woher soll er ein Kind haben, wo er keine Gefährtin hat? Und erschaffen hat er jedes Ding, und er kennt jedes Ding.

4,171: O Volk der Schrift, überschreitet nicht euren Glauben und sprecht von Gott nur die Wahrheit. Der Messias Jesus, der Sohn der Maria, ist der Gesandte Gottes und sein Wort, das er in Maria legte, und Geist von ihm. Glaubt also an Gott und an seinen Gesandten und sprecht nicht: »Drei.« Steht ab davon, gut ist's euch. Gott ist nur ein einziger Gott; gepriesen sei er und darüber erhaben, dass er ein

Kind habe. Ihm gehört, was in den Himmeln und auf Erden ist, und Gott genügt als Beschützer.
5,75: Nicht ist der Messias, der Sohn der Maria, etwas anderes als ein Gesandter; vorausgingen ihm Gesandte, und seine Mutter war aufrichtig. Beide aßen Speise. Schau, wie wir ihnen die Zeichen deutlich machen. Dann schau, wie sie sich abwenden.

Die Wunder Jesu

5,110: O Jesus, Sohn der Maria, gedenke meiner Gnade zu dir und deiner Mutter, als ich dich mit dem heiligen Geist stärkte, sodass du zu den Menschen in der Wiege und als Erwachsener sprachst; und als ich dich die Schrift und die Weisheit und die Tora und das Evangelium lehrte; und als du mit meiner Erlaubnis aus Ton etwas wie eine Vogelgestalt schufst; und als du die Blinden und Aussätzigen mit meiner Erlaubnis heiltest und Tote mit meiner Erlaubnis herauskommen ließest.
5,112–115 : Und als die Jünger sprachen: »O Jesus, Sohn der Maria, kann dein Herr uns einen Tisch vom Himmel herabsenden?« Er sprach: »Fürchtet Gott, so ihr gläubig seid.« Sie sprachen: »Wir wollen davon essen, und unsere Herzen sollen in Frieden sein, und wir wollen wissen, dass du uns tatsächlich die Wahrheit gesagt hast, und wollen ihre Zeugen sein.«

Da sprach Jesus, der Sohn der Maria: »O Gott, unser Herr, sende uns einen Tisch vom Himmel herab, dass es ein Festtag für uns werde, für den Ersten und Letzten von uns, und ein Zeichen von dir; und versorge uns; denn du bist der beste Versorger.« Gott sprach: »Ich werde ihn auf euch hinabsenden, und wer von euch danach ungläubig ist, den werde ich strafen mit einer Strafe, mit der ich keinen der Weltbewohner gestraft habe.«

Jesu Tod und Erhöhung

4,157–159: Sie [die Juden] haben ihn aber nicht getötet und nicht am Kreuz sterben lassen, sondern einen, der ihm ähnlich war. Diejenigen, die über ihn uneins sind, sind ja selber im Zweifel darüber. Sie wissen nichts von ihm, sondern folgen nur Meinungen. Sie haben ihn nicht in Wirklichkeit getötet, sondern Gott erhöhte ihn zu sich, und Gott ist mächtig und weise. Und es gibt keinen von den Leuten der Schrift, der nicht vor Jesu Tod an ihn glauben würde. Und am Tag der Auferstehung wird er Zeuge über sie sein.

3,55–57: Damals, als Gott sprach: Jesus, ich werde dich sterben lassen und werde dich zu mir erhöhen und werde dich reinigen von den Ungläubigen und werde dafür sorgen, dass deine Nachfolger den Ungläubigen überlegen sind bis zum Tag der Auferstehung. Dann werdet ihr zu mir zurückkehren, und ich werde zwischen euch richten über das, worüber ihr uneins ward. Was die Ungläubigen betrifft, so werde ich sie im Diesseits und Jenseits streng bestrafen. Und sie werden keine Helfer haben. Was aber die Gläubigen und Rechtschaffenen betrifft, so wird er ihnen eine Belohnung geben. Gott liebt nicht die Ungerechten. Was wir dir hier vorgetragen haben, sind Leben und weise Ermahnung.

Die Auferweckung Jesu am Ende der Zeiten

5,116–119: Und als Gott sprach: »O Jesus, Sohn der Maria, bist du es, der zu den Menschen sprach: ›Nehmt mich und meine Mutter als zwei Götter neben Gott.‹?« Er antwortete. Preis sei dir! Es steht mir nicht an, etwas zu sagen, wozu ich kein Recht habe. Hätte ich es gesprochen, dann wüsstest du es. Du weißt, was in meinem Inneren ist, aber ich weiß nicht, was in deinem Inneren ist. Du bist der Wisser der Geheimnisse.

Nichts anderes sprach ich zu ihnen, als was du mich hießest, nämlich: »Dient Gott, meinem Herrn und eurem Herrn.« Ich war Zeuge über sie, solange ich unter ihnen weilte. Seitdem du mich aber zu dir nahmst, bist du ihr Wächter, und du bist aller Dinge Zeuge. Wenn du sie peinigst, so sind sie deine Diener. Wenn du ihnen vergibst, so bist du der Mächtige und Weise. Gott sprach: »An diesem Tag wird die Wahrhaftigkeit den Wahrhaftigen nutzen; für sie werden Gärten sein, durcheilt von Bächen. Dort werden sie verweilen auf immer und ewig. Gott hat Wohlgefallen an ihnen, und sie sollen an ihm Wohlgefallen finden. Das ist der große Erfolg.«

Teil 3: Glaube und Alltag

Der Mensch in der Gesellschaft

Der Islam ist eine religiöse und politische Gemeinschaft. Das Wort Umma ist ein aus dem Hebräischen oder Aramäischen stammendes Lehnwort, das im Islam eine besondere Bedeutung im Sinne einer religiösen und politischen Gemeinschaft erhielt. Mohammed sah in seinen Landsleuten eine geschlossene arabische Gemeinschaft, der er eine Heilsbotschaft brachte, so wie die Gesandten vor ihm ihren Gemeinschaften die Botschaft Gottes überbrachten. Als er in Mekka kein Gehör fand, wanderte er nach Medina aus, wo er bald darauf die Gemeindeordnung erließ. Dieser entsprechend sollten die Gläubigen Brüder sein und solidarisch zusammenhalten. Die neue Umma basierte nicht auf Blutsverwandtschaft, sondern auf der Zusammengehörigkeit durch den Glauben (3,110). Die wichtigsten Gebote für diese Umma entsprechen dem biblischen Dekalog (17,22–39). Muslime sollen gerecht sein und jedem geben, was ihm gehört (6,152), und kein falsches Zeugnis ablegen (25, 72).

Vgl. auch die Texte zu den Themen: Stellung der Frau (S. 52 ff.), die fünf Grundpflichten (S. 79 ff.), Rechtsprechung (S. 124 ff.).

Gebietet, was recht, und verbietet, was verwerflich ist

3,110: Ihr seid die beste Umma [Gemeinschaft], die unter den Menschen entstanden ist. Ihr gebietet, was recht ist, und verbietet, was verwerflich ist.
49,10: Die Gläubigen sind doch Brüder.

Die wichtigsten Gebote und Verbote

17,22–35: Setze neben Gott nicht einen anderen Gott, du sitzt sonst beschimpft und hilflos da. Und entschieden hat dein Herr, dass ihr nichts anbetet als ihn und den Eltern Gutes tut. Auch wenn der eine Elternteil oder beide bei dir hochbetagtes Alter erreicht haben, so sage nicht ungeduldig ›Pfui‹ zu ihnen und schilt sie nicht, sondern sprich zu ihnen ehrerbietige Worte und senke die Fittiche der Demut und Liebe und sprich: O mein Herr, sei ihnen gütig, so wie sie es waren, als sie mich als kleines Kind erzogen haben.

Euer Herr weiß am besten, was in euren Herzen ist. Werdet ihr Rechtschaffene, so ist er gewiss gegen die, die sich zum Guten wenden, verzeihend.

Und gib den Verwandten, was ihnen gebührt, sowie dem Armen und dem Wanderer, doch treibe keine Verschwendung.

Siehe, die Verschwender sind wie Brüder des Satans, und Satan war seinem Herrn gegenüber undankbar.

Und wenn du dich von den Armen abwenden musst, um selbst bei deinem Herrn Hilfe zu suchen, auf die du hoffst, dann sage ihnen ein freundliches Trostwort.

Und halte nicht deine Hand gefesselt an deinen Hals, noch weite sie ganz und gar, sonst wirst du getadelt und verarmt dasitzen.

Wahrlich, dein Herr gibt im Überfluss den Unterhalt oder begrenzt ihn, wem er will. Er kennt ja seine Diener und durchschaut sie.

Und tötet nicht eure Kinder aus Furcht vor Verarmung. Wir unterhalten sowohl sie wie euch. Wahrlich, sie zu töten, ist ein großes Verbrechen. Und tötet niemanden, den Gott zu töten verboten hat, es sei denn mit Gerechtigkeit, und wenn einer ungerechterweise getötet worden ist, so geben wir seinem mächtigsten Anverwandten Gewalt über den Mörder, doch missbrauche sie nicht im Töten. Er soll darin gewisslich Unterstützung finden.

Und naht dem Gut der Waise nur zu ihrem Nutzen, bis sie die Volljährigkeit erreicht hat, und haltet den Vertrag hierüber. Denn wahrlich nach dem Vertrag wird gefragt.

Und gebt volles Maß, wenn ihr messt, und wiegt mit richtiger Waage. Dies ist besser und bringt Glück.

Und fuße nicht auf dem, wovon du keine Kenntnis besitzt. Das Gehör und das Gesicht und das Herz, von ihnen allen soll darüber Rechenschaft verlangt werden.

Und wandle nicht so stolz auf Erden. Du wirst die Erde nicht entzweispalten und kannst die Berge nicht an Höhe erreichen.

Alles dies ist von Übel und deinem Herrn verhasst.

Dieses, was dein Herr dir offenbart, ist die Weisheit. Und geselle nicht Gott einen anderen Angebeteten zu, sonst wirst du in die Hölle geworfen als ein Getadelter, ein Verstoßener.

Mitleid zu Gefangenen, Waisen und Bedürftigen

90,4–17: Wir erschufen den Menschen zu einem Dasein in Kummer. Glaubt er etwa, dass niemand etwas gegen ihn vermag? Er spricht: »Ich habe Gut in Menge vertan.« Glaubt er etwa, dass ihn niemand sieht? Machten wir ihm nicht zwei Augen und eine Zunge und zwei Lippen. Und leiteten wir ihn nicht auf dem geraden Weg? Doch unternahm er nicht den steilen Weg. Und willst du wissen, was der steile Weg ist? Die Befreiung eines Gefangenen oder zu speisen am Tag der Hungersnot eine verwandte Waise oder einen Armen, der im Staub liegt! Als dann zu denen zu gehören, die glauben und zur Geduld und zur Barmherzigkeit ermahnen.

Gott gebietet dem Menschen Gerechtigkeit

16,90: Gott gebietet Gerechtigkeit und Wohltat und die Freigebigkeit gegen die Verwandten und verbietet Schlechtigkeit und Schändlichkeit und Unterdrückung, er ermahnt euch, damit ihr es beherzigt.

Gebt im rechten Maß

6,152: Kommt nicht dem Gut der Waisen zu nahe, außer um es zu mehren, bis sie heranwachsen, und gebt im rechten Maß und Waage in Gerechtigkeit.

Zu den Eltern sollt ihr gut sein

6,151: Zu euren Eltern sollt ihr gut sein. Und ihr sollt eure Kinder nicht aus Verarmung töten. Wir bescheren ja euch und ihnen den Lebensunterhalt.

Lege kein falsches Zeugnis ab

25,72: Die wahren Diener der Barmherzigkeit sind diejenigen, welche kein falsches Zeugnis ablegen und wenn sie unterwegs leerem Gerede begegnen, sich nicht darauf einlassen.

Grenze die Behinderten nicht aus

24,61: Es ist kein Vergehen für den Blinden und kein Vergehen für den Krüppel und kein Vergehen für den Kranken und für euch selber, in euren Häusern oder den Häusern eurer Väter oder den Häusern eurer Mütter oder den Häusern eurer Brüder oder den Häusern eurer Schwestern oder den Häusern eurer Onkel oder eurer Tante väterlicherseits oder mütterlicherseits oder zu denen ihr Schlüssel besitzt, oder eures Freundes zu essen. Ihr begeht keine Sünde, ob ihr gemeinsam oder getrennt esst.

Die fünf Grundpflichten

Der islamische Glaube unterscheidet zwischen den Pflichten, die der Mensch Gott schuldet, und den Pflichten gegenüber Mitmenschen und Gemeinschaft. Bei den fünf religiösen Grundpflichten, die als die fünf Arkan (»Säulen«) des Islam bezeichnet werden, sind beide Pflichtbereiche betroffen. Die fünf Grundpflichten sind persönliche und gesellschaftliche Handlungen zugleich. Ihre Bedeutung liegt insbesondere darin, dass sie von den Gläubigen gemeinsam und öffentlich verrichtet werden. Zu den Grundpflichten gehören: 1. das Glaubenszeugnis; 2. das rituelle Pflichtgebet; 3. das Fasten; 4. die fälschlich »Almosen« genannte Pflichtabgabe; 5. die Wallfahrt nach Mekka. Der Koran sagt: »Frömmigkeit besteht nicht darin, dass ihr euer Gesicht nach Osten oder Westen wendet. Frömmigkeit besteht darin, dass man an Gott, den Jüngsten Tag, die Engel, das Buch und die Propheten glaubt, dass man, aus Liebe zu ihm, den Verwandten, den Waisen, den Bedürftigen, dem Reisenden und den Bettlern Geld zukommen lässt und es für den Loskauf der Sklaven und Gefangenen ausgibt, und dass man das Gebet verrichtet und die Abgabe entrichtet« (2,177).

Das Glaubenszeugnis

Das islamische Glaubenszeugnis lautet: »Ich bezeuge, dass es keine Gottheit außer Gott gibt und dass Mohammed der Gesandte Gottes ist.« Der islamische Glaube umfasst den Glauben an den einen Gott, den Glauben an Gottes Engel, den Glauben an Gottes Bücher, den Glauben an die Gesandten Gottes und den Glauben an den Jüngsten Tag.

Eine Konversion zum islamischen Glauben gilt im Allgemeinen als gültig, wenn das islamische Glaubensbekenntnis vor muslimischen Zeugen gesprochen und ein islamischer Name angenommen wird. In einigen islamischen Ländern wird ein Glaubensübertritt urkundlich bestätigt. Fast alle islamischen Gelehrten machen die Konversion für Männer zur Pflicht, die eine Muslimin heiraten wollen. Muslimische Männer dürfen hingegen Christinnen heiraten, ohne dass ein Glaubensübertritt gefordert wird. Denn man geht davon aus, dass die Kinder im Glauben des Vaters erzogen werden. Ein Glaubensübertritt von Muslimen zu anderen Religionen kommt zwar vor, wird aber als Apostasie bewertet und in einigen Ländern sogar mit dem Tod bestraft. Dahinter steht der Gedanke, dass der Islam die ursprüngliche natürliche Religion darstellt (Din al-Fitrah) und man daher als Muslim geboren wird. Hinzu kommt die Vorstellung, dass die islamische Gemeinschaft durch einen Glaubensübertritt geschwächt wird.

Er ist Gott, ein Einziger

112,1–4: Im Namen Gottes, des barmherzigen Erbarmers.
Sag: Er ist der eine Gott,
der ewige Gott.
Er zeugt nicht und wurde nicht gezeugt,
und kein Wesen ist ihm gleich.

Glaubt an Gott und seinen Gesandten

49,15: Die Gläubigen sind nur diejenigen, die an Gott und seinen Gesandten glauben und hierüber keinen Zweifel hegen.

Die Gläubigen

2,285: Der Gesandte glaubt an das, was ihm von seinem Herrn herabgesandt wurde, ebenso die Gläubigen, sie alle glauben an Gott und an seine Engel und an seine Bücher und an seine Gesandte. Wir machen keinen Unterschied zwischen ihnen.
20,112: Wer recht handelt und dabei gläubig ist, hat am Jüngsten Tag weder Unrecht noch Gewalt zu befürchten.

Glaube an Gottes Schriften

42,15: Ich glaube an all das, was Gott an Schriften herabgesandt hat. Und mir ist befohlen worden, ich soll mit Gerechtigkeit unter euch richten.

Glaube an Gott und den Jüngsten Tag

58,22: Du wirst kein Volk finden, das an Gott und an den Jüngsten Tag glaubt und dabei diejenigen liebt, die sich Gott und seinem Gesandten widersetzten.

Das Gebet

Der Islam kennt zwei Arten von Gebeten: die Salat (»das rituelle Pflichtgebet«), das zu den »fünf Grundpflichten« gehört, und Dua, das freiwillig-spontane Gebet, das jeder Gläubige zu beliebigen Zeiten sprechen kann, wann immer er sich an Gott wenden will. In der frühen mekkanischen Zeit war das Gemeinschaftsgebet noch nicht üblich. Erst in der zweiten und dritten mekkanischen Phase wurde diese Praxis allmählich eingeführt. In Medina stellte sie einen festen Bestandteil des Gemeindelebens dar. Zunächst war die Gebetsrichtung Jerusalem, bis Mohammed nach dem endgültigen Bruch mit den medinensischen Juden Mekka zur Gebetsrichtung bestimmte. Zu Lebzeiten des Propheten variierten Anzahl und Zeiten der Gebete. Gegen Ende des 1. Jahrhunderts islamischer Zeitrechnung wurde von islamischen Gelehrten die Zahl der Pflichtgebete auf fünf festgesetzt. Seither sollen die Gebete, die vom Gebetsrufer, dem Muezzin bzw. immer häufiger durch ein Tonband angekündigt werden, vom Beginn der Morgendämmerung bis zum Sonnenaufgang (1), zur Mittagszeit (2), am Nachmittag (3), am Abend (4) und vor dem Einbruch der Nacht (5) verrichtet werden. Obwohl der Koran die Gebetspflicht aller Muslime betont, sind Kranke, Altersschwache und Reisende ausgenommen oder dürfen das Gebet in verkürzter Form halten. Vor dem Pflichtgebet müssen sich Muslime rituell reinigen. Im Allgemeinen werden sie dafür das Wasser verwenden, das in jeder Moschee zu finden ist. Ist kein Wasser vorhanden, dürfen sie sich mit sauberem Sand reinigen. Betritt ein Muslim die Moschee, so zieht er die Schuhe aus. Der Muslim braucht jedoch die Moschee nicht zum Gebet; denn einer bekannten Überlieferung zufolge wurde »die ganze Erde für ihn zur Moschee gemacht«. Betet er unterwegs, so zeichnet er den Gebetsort in der Regel durch einen mitgebrachten Teppich oder notfalls ein Stück Zeitung aus. Diese äußere Reinheit, die durch anständige Kleidung vervollständigt wird, soll die innere Reinheit und einen Weihezustand versinnbildlichen. Das Pflichtgebet erfüllt mehrere Aufgaben: Es bringt eine innere Einstellung zum Ausdruck, die »Anwesenheit des Herzens«, demütige Ergebenheit, Vertrauen in die göttliche Barmherzigkeit. Ein Hadith drückt die Bedeutung des Pflichtgebets aus: »Stellt euch vor, jemand hätte vor seinem Haus einen Fluss und würde in ihm fünfmal am Tag baden, würde dann etwas von seinem Schmutz an ihm bleiben?« Die Gefährten antworteten: »Nichts von seinem Schmutz würde bleiben.« Da sagte er: »Genauso ist es mit den fünf Gebeten, Gott tilgt durch sie die Sünden.«

Vor Beginn des Pflichtgebets wird die Absicht, sich der Andacht zu widmen, zum Ausdruck gebracht. Zu Anfang des Gebets wendet sich der Gläubige in Richtung Mekka, innerhalb einer Moschee durch die »Gebetsnische« (der Mihrab) angezeigt. Der Weihezustand beginnt mit den Worten Allahu akbar (»Gott ist groß«, bzw. »am größten«). Das Pflichtgebet besteht aus der Rezitation von Suren und Gebeten, in deren Verlauf der Gläubige steht, sich verbeugt, sich auf den Boden wirft und sitzt.

Wahre Frömmigkeit

2,177: Wahre Frömmigkeit besteht nicht darin, dass ihr eure Gesichter beim Gebet nach Osten oder Westen wendet. Fromm sind vielmehr die, welche an Gott, den Jüngsten Tag, die Engel, das Buch und die Propheten glauben und ihr Geld aus Liebe zu ihm den Verwandten, den Waisen, den Armen, den Reisenden und den Bettlern zukommen lassen und es für den Loskauf von Gefangenen und Sklaven ausgeben. Fromm sind auch die, welche das Gebet verrichten und die soziale Pflichtabgabe entrichten und angesichts von Not, Leid und Unglück standhaft sind. Dies sind die wahrhaft Frommen und Gottesfürchtigen.

Haltet das Gebet aufrecht

2,110: Und haltet das Gebet aufrecht und leistet die Pflichtabgabe, denn was ihr vorausgesandt habt für eure Seelen an Gutem, davon findet ihr Früchte bei Gott.

Wann ihr beten sollt

17,78: Verrichtet das Gebet beim Untergang der Sonne bis zur Dunkelheit der Nacht und die Morgenlesung. Die Morgenlesung wird bezeugt. Unterbrich für die Lesung deinen Schlaf.
2,238: Wacht über die Gebete regelmäßig, über alle Gebete, besonders das mittlere Nachmittagsgebet.

Notfalls dürft ihr das Gebet abkürzen

4,101–103: Und wenn ihr im Lande reiset, so ist es kein Schade für euch, wenn ihr das Gebet abkürzt, falls ihr fürchtet, die Ungläubigen könnten euch behelligen.

Und wenn du Prophet dich unter ihnen befindest und das Gebet leitest, so sollen sie sich in zwei Gruppen teilen, dann soll ein Teil von ihnen mit dir stehen und ihre Waffen zu sich nehmen. Und wenn sie mit dem Gebet fertig sind, sollen sie euch als Wache schützen …

Und wenn ihr das Gebet beendet habt, gedenket Gottes, ob stehend, sitzend oder auf der Seite liegend.

Das Fasten

Der Ramadan ist der 9. Monat des islamischen (Mond-)Kalenders. Er dauert 29 bzw. 30 Tage. Da ein Mondjahr kürzer ist als ein Sonnenjahr, beginnt in jedem Jahr dieser Fastenmonat im europäischen Kalender ca. 11 Tage früher als im Vorjahr. Beginn und Ende des Fastenmonats sind am Erscheinen des jeweiligen Neumondes abzulesen: sobald wieder das »Neulicht« sichtbar wird, meist 2–3 Tage nach Neumond. Viele Muslime gehen dem Fastenmonat erwartungsvoll entgegen. Fasten bedeutet eine noch intensivere Hingabe an Gott, noch größere Solidarität mit den Mitgläubigen in der ganzen Welt. Was mag in einem Muslim vorgehen, der einen Monat lang von Beginn der Morgendämmerung bis zum Untergang der Sonne fastet? Je nach Jahreszeit können dies immerhin bis zu 20 Stunden sein. Während des Zeitraums der Helle enthalten sich alle erwachsenen, ihrer Sinne mächtigen und gesunden Muslime der Nahrung, Getränke, Genussmittel (z. B. Rauchen) und des Geschlechtsverkehrs. Das Fasten gilt als ein Gebot Gottes (2,183 ff.), ist Ausdruck der Taqwa (»Gottesfurcht«) vor Gottes barmherziger Gegenwart. Diese Ehrfurcht erst macht nach islamischer Auffassung den Menschen als einzigartigen, über den anderen Geschöpfen stehenden »Statthalter Gottes« im Vollsinn zum Menschen. Das Fastengebot stellt die Muslime ausdrücklich in die jüdischen und christlichen Fastentraditionen hinein, ist also Ausdruck einer ökumenischen Haltung.

Gott will es »den Gläubigen leicht machen« (2,185). Der Islam will dem Menschen das abverlangen, wozu dieser auch wirklich in der Lage ist. Daher sind die Fastenforderungen kein sklavisch zu befolgendes Gesetz. Sie passen sich flexibel den besonderen Umständen an: Altersschwache, unheilbar Kranke und Kinder sind vom Fasten befreit. Reisende, schwangere und stillende Frauen, Kranke und Alte können ihr Fasten verschieben. Menstruierende Frauen dürfen nicht fasten. Liberale muslimische Theologen neigen dazu, Schwerstarbeitern eine Unterbrechung des Fastens zu gestatten. Vertreter bestimmter Berufe – z. B. Piloten – sind auf Grund besonderer Rechtsgutachten vom Fasten befreit. Als Ersatzleistung müssen sie einen Armen einen Monat lang so mit Grundnahrungsmitteln versorgen wie sich selber bzw. Geld in entsprechender Höhe spenden. Der Ramadan gilt als hervorragende Gelegenheit, sich Gott einmal wieder konzentriert zuzuwenden. Das Fasten fördert die Standhaftigkeit und Geduld der Gläubigen. Das islamische Menschenbild basiert auf der Ganzheit des Menschen, der aus Körper, Geist und Seele besteht. Die islamischen Vorschriften haben deshalb immer den ganzen Menschen im Blick. Nicht das Gebet »im stillen Kämmerlein« ist gefordert, vielmehr der volle Einsatz des Körpers und die geistig-innere Haltung, ohne die das Fasten sonst wertlos wäre. Manche Muslime deuten ihr Fasten auch Kritik an der modernen Konsumgesellschaft. Islamische Kinder lesen in ihren Schulbüchern: »Wenn wir nichts essen, denken wir an die Menschen, die arm und in Not sind und oft nichts zu essen haben.« Einige islamische Theoretiker sehen die strukturelle Seite und plädieren für eine gerechtere Weltwirtschaftsordnung. Das Ramadan-Fasten wird zu einem Symbol islamischer »Befreiungstheologie«. Wie alle übrigen islamischen Pflichten ist das Fasten eine gemeinschaftliche Handlung, die den einzelnen Muslim in die große Umma, die »Gemeinschaft« aller Gläubigen, die »Brüder« und »Schwestern« sind, einreiht. Zu den positiven Auswirkungen des Fastens gehört, dass der soziale Zusammenhalt der Gemeinden stärker wird und so auf den Einzelnen ein stabilisierender Einfluss ausgeht.

Das Fasten hat eine wichtige ethische Seite: Es wäre ungültig, wenn der Muslim lügen und betrügen würde, anderen Menschen übel nachredete, grobe und verletzende Worte gebrauchte. Allabendlich findet das »Fastenbrechen« statt: ein kommunikatives Ereignis im Kreise von Verwandten, Nachbarn und Freunden. Guter Brauch ist es, sich um die Mittellosen zu kümmern. Der Fastenmonat ist eine Zeit der Buße und Versöhnung. Man soll die Abendstunden nutzen, um wieder Frieden zu stiften: Frieden/Salam – eines der großen Worte des Islam. Die Ramadanzeit hat zwei Höhepunkte. Üblicherweise am 27. Ramadan wird die Lailat al qadr (»Nacht der Bestimmung«) gefeiert. In dieser »heiligen Nacht« ließ der barmherzige Gott sein Buch aus unverdienter Gnade und Menschenfreundlichkeit herab, um die Menschen »rechtzuleiten«. Höhepunkt und Abschluss der Fastenzeit ist das große Fest Id al-Fitr. Im türkischen Islam wird es Şeker Bayram (»Zuckerfest«) genannt, weil die Kinder viele Süßigkeiten erhalten.

Ihr Gläubigen, euch ist vorgeschrieben zu fasten

2,183–187: Ihr Gläubigen, euch ist vorgeschrieben zu fasten, wie es auch denjenigen, die vor euch waren, vorgeschrieben ward, damit ihr gottesfürchtig werdet. Und zwar seien es gezählte Tage. Wenn aber einer unter euch krank ist oder sich auf einer Reise befindet, der faste die gleiche Anzahl von anderen Tagen, und sie, die es vermöchten und nicht fasten, sollen zur Sühne einen Armen speisen. Und wer aus freien Stücken Gutes tut, dem soll Gutes werden; und dass ihr fastet, ist euch gut, wenn ihr es begreift.

Der Monat Ramadan, in welchem der Koran herabgesandt wurde als eine Leitung für die Menschen und als Zeugnis der Leitung und Unterscheidung – wer von euch den Mond sieht, der beginne das Fasten in ihm. Wer jedoch krank ist oder auf einer Reise, der faste eine gleiche Anzahl anderer Tage. Gott wünscht es euch leicht und nicht schwer zu machen, und dass ihr die Zahl der Tage erfüllt und Gott dafür, dass er euch leitet, preist, und vielleicht seid ihr dankbar.

Und wenn dich meine Diener nach mir fragen, siehe, so bin ich nahe, ich will antworten dem Ruf des Rufenden, so er mich ruft, doch sollen sie auch auf mich hören, vielleicht wandeln sie recht.

Erlaubt ist euch, zur Nacht des Fastens eure Frauen zu besuchen. Sie sind euch ein Kleid, und ihr seid ihnen ein Kleid. Gott weiß, dass ihr euch selbst betrügt. Doch kehrt er sich zu euch und vergibt euch. Und recht ruht bei ihnen und trachtet nach dem, was Gott euch vorschrieb. Und esst und trinkt, bis ihr einen weißen Faden von einem schwarzen Faden in der Morgenröte unterscheidet. Alsdann haltet streng das Fasten bis zur Nacht und ruht nicht bei ihnen, sondern verweilt in der Moschee. Dies sind die Schranken Gottes, kommt ihnen nicht zu nahe. Also deutet Gott seine Zeichen den Menschen, vielleicht werden sie gottesfürchtig.

Die Wallfahrt

Im Koran wird die Wallfahrt nach Mekka (3,97) vorgeschrieben, die in Erinnerung an Abraham und Mohammed geschieht. Für alle erwachsenen Muslime ist der Hadjdj religiöse Pflicht. Die Teilnehmer müssen aber »frei«, d.h. geistig und körperlich gesund sein. Außerdem müssen sie finanziell in der Lage sein, die Reise anzutreten und nicht etwa durch Gefahren oder Krieg usw. daran gehindert werden. Man unterscheidet die Umra (»kleine Fahrt«), auch Besuch genannt, die nicht an bestimmte Zeiten gebunden ist, vom eigentlichen Hadjdj, der in der 10. Woche nach dem Fastenbrechen am Ende des Ramadan stattfindet. Er beginnt am 8. Tag des 12. Monats des islamischen Mondjahres.

Zu Beginn hüllen sich die männlichen Pilger in zwei saumlose, etwa 2 m lange weiße Tücher, ihre späteren Totenkleider. Die Frauen dürfen weiterhin ihre normalen, verschiedenfarbigen Kleider tragen. Nun befinden sich die Muslime im Ihram (»Weihezustand«), der sich bis zur Steinigung des Teufels in al-Aqaba erstreckt und bestimmte Tätigkeiten untersagt (Geschlechtsverkehr, Jagen, Fingernägel- und Haarschneiden, Bäumefällen, Gewaltanwendung in jeglicher Form). Dann betreten sie den heilig-unverletzlichen Boden, der die Stätten des Hadjdj umgibt. Die Teilnehmer geben eine Niyya (»Absichtserklärung«), dass sie die vorgeschriebenen Wallfahrtsrituale ausführen wollen. Sie unternehmen den aus vorislamischer Zeit stammenden Tawaf, die gegen den Uhrzeigersinn ausgeführte siebenmalige »Umkreisung« der Kaaba. Ebenfalls siebenmal gehen die Gläubigen schnell zwischen den Hügeln von as-Safa und al-Marwa hin und her.

Der Koran verknüpft die altarabische Laufprozession mit dem Abraham- und Hagar-Geschehen: Abraham soll in jener Gegend vor dem Teufel geflohen sein. Er hatte zwei Frauen, die kinderlose Sarah und Hagar, die er mit Einverständnis Sarahs ehelichte, um einen Sohn zu bekommen. Beide Frauen stritten sich, als der Sohn Ismail geboren war. Abraham schickte seine zweite Frau und das Kind fort in die Wüste. Die verzweifelt nach Wasser suchende Hagar stieg auf den Hügel von as-Safa, um nach einer vorbeiziehenden Karawane Ausschau zu halten. Dann lief sie nach Marwa, kehrte ergebnislos zurück, rannte erneut nach Safa. So lief sie insgesamt siebenmal hin und her.

Der eigentliche Hadjdj beginnt am 8. Tag: Die Pilger versammeln sich in Mina, brechen zum Berg der Gnade auf. Die Nacht zum 9. Tag übernachten sie in Mina, wo sie bestimmte Gebete verrichten, oder schon in Arafat. Am 9. Tag halten sich die Pilger vom Mittag bis Sonnenuntergang dort auf. Sobald die Sonne ihren Zenit erreicht hat, findet das zentrale Hadjdj-Ereignis statt: Die Pilger verrichten das rituelle Gebet des Wuquf (»stehen«) bis zum Untergang der Sonne. Ein Imam hält die Predigt und erinnert an die Abschiedspredigt Mohammeds, die er auf seiner letzten Wallfahrt an dieser Stelle gehalten hat. Nach Sonnenuntergang brechen die Pilger von Arafat nach Mashar (Muzdalifa) auf, wo sie bis zum Sonnenuntergang des 10. Tages bleiben. Dieses kurze Verweilen nutzen sie u. a. dazu, um Steinchen zu sammeln. Dann geht die Wanderung am 10. Tag nach Mina zurück, wo die Pilger nach Sonnenaufgang ankommen. Hier findet die symbolische Steinigung des Satans statt. Die Pilger werfen an drei aufeinander folgenden Tagen Kieselsteine gegen drei Steinsäulen. In Mina findet das große Opferfest statt, Id al-Adha, bei dem jeder Pilger, der dazu in der Lage ist, ein

Schaf bzw. eine Ziege schlachtet. Dieses Ereignis soll an das Abrahamopfer im Koran (37,107) erinnern. Anschließend ziehen die Pilger wieder nach Mekka, vollziehen einen weiteren siebenmaligen Rundlauf um die Kaaba und verrichten zwei Einheiten des Tawaf-Gebetes. Auch der Lauf zwischen Safa und Marwa wird wiederholt. Schließlich erfolgt eine Abschlussumkreisung um die Kaaba.

Das erste Gotteshaus stand in Mekka

3,95: Das erste Gotteshaus, das für die Menschen errichtet wurde, ist ganz gewiss dasjenige zu Bekka (Mekka) als Quelle des Segens und der Führung für alle Völker.

In ihm sind deutliche Zeichen, die Stätte Abrahams. Und wer es betritt, ist sicher. Und der Menschen Pflicht gegenüber Gott ist die Wallfahrt zu diesem Gotteshaus, der da den Weg zu ihm machen kann, und wenn einer die Zeichen Gottes missachtet, so ist es sein eigener Schade, denn Gott bedarf nicht der Weltbewohner.

Vollzieht die Wallfahrt und den Besuch der Kaaba

2,196–200: Und vollzieht die Wallfahrt und den Besuch der Kaaba zum Gefallen Gottes, und wenn ihr verhindert worden seid, so opfert, was euch mit Leichtigkeit erreichbar ist. Und beeilt euch nicht mit dem Scheren eures Haupthaars, bis das Opfer dargebracht ist. Und wenn einer von euch krank oder mit einem Leiden am Kopf behaftet ist und muss deshalb das verbotene Scheren vornehmen, so soll er dafür eine Ablösung durch Fasten oder Almosen oder Opfer entrichten. Und wenn einer in Freuden lebt und einer den Besuch (Umra) mit der Wallfahrt verbindet, so opfere er, was ihm mit Leichtigkeit erreichbar ist, wenn aber einer von euch nichts besitzt, der faste drei Tage während der Wallfahrt und sieben, wenn er zurückgekehrt ist. Diese zehn Tage sind zu vollenden. Das gilt auch für denjenigen, dessen Familie in der Heiligen Moschee nicht mit anwesend war. Fürchtet also Gott und wisset, dass Gott streng bestraft.

Die Wallfahrtsmonate sind bekannte Monate, wenn sich daher

jemand die Wallfahrt in diesen Monaten auferlegt hat, so soll es während der Wallfahrt keinen Beischlaf, keinen Frevel, keinen Streit geben, und was ihr an Wohltat tut, das weiß Gott, auch versorgt er euch mit Wegesvorrat.

Der beste Wegesvorrat ist jedoch außerdem die Gottesfurcht, und fürchtet mich, o ihr Verständigen.

Es ist keine Sünde, dass ihr Gewinn von eurem Herrn begehrt [während der Pilgerfahrt Handel treibt]. Und wenn ihr herbeieilt vom Berg Arafat, so gedenkt Gottes bei der heiligen Stätte und gedenkt seiner, wie er euch geleitet hat ungeachtet dessen, dass Ich früher unter den Irrenden war.

Auch kehrt miteinander zurück, von wo die Massen miteinander zurückkehren, und bittet Gott um Nachsicht, Gott ist ja verzeihend und barmherzig.

Und wenn ihr eure Riten vollzogen habt, so gedenket Gott, wie ihr früher eure Väter gepriesen, und mit noch viel mehr Lob.

Das Opfer Abrahams

37,102–110: Und als er das Alter erreichte, wo er mit dem Vater [Abraham] arbeiten konnte, sagte dieser: »O mein lieber Sohn, ich sehe im Traum, dass ich dich opfere, überlege nun, was du meinst.« Er erwiderte: »O mein Vater, tue, was dir befohlen, du wirst mich, so Gott will, als einen der Standhaften finden.«

Und als die beiden sich dem Befehl Gottes gefügt und er ihn auf die Schläfe gelegt hatte, da riefen wir ihn: »O Abraham, du hast wirklich das Traumgesicht wahr gemacht! Also belohnen wir die Rechtschaffenen. Dies war offenbare Prüfung, und wir lösten ihn durch ein großes Opfer aus und ließen sein [Abrahams] Gedenken unter den Späteren weiterleben. Friede sei über Abraham. Also belohnen wir die Rechtschaffenen.«

Gott gilt im Koran als Urheber allen Besitzes, den er den Menschen – wenn auch in unterschiedlicher Höhe – fürsorglich zur Verfügung gestellt hat. Der Wohlhabende wird allerdings wiederholt dazu aufgefordert, den Armen an seinem Besitz teilhaben zu lassen. Denn er ist ja nur Treuhänder Gottes, muss sich dereinst verantworten. Reichtum wird in vielen Koranversen als Gefahr dargestellt, die von Gott und der wahren Religion ablenken kann. Als soziale Verpflichtungen werden Sadaqa (»Almosen«) und Zakat (»Pflichtabgabe«) häufig erwähnt. Die Zakat besitzt bis heute als Bestandteil der fünf Grundpflichten eine besondere Bedeutung. Besitz oder Armut werden im Koran nicht als persönliches Verdienst bzw. als Schande begriffen; denn Gott selbst ist für die Unterschiede verantwortlich.

Im frühen Islam wurde die freiwillige Armut im Gegensatz zur späteren Mystik nicht verherrlicht. Insgesamt entsteht aber der Eindruck, dass die Reichen es schwerer haben, des Heils teilhaftig zu werden. Denn Besitz ist vergänglich (18,44; 27,36; 57,19) und macht den Menschen nicht unsterblich (104,3). Am Tag des Gerichts helfen weder Gut noch Söhne (26,88; 58,18), Inbegriffe des irdischen Reichtums. Gut und Kinder stellen vielmehr eine Versuchung dar, den Reichtum mehren zu wollen und darüber Gott zu vergessen (30,28; 89,21; 90,6). Sure 24,36–38 lobt daher solche Männer, die weder Ware noch Handel abhält von dem Gedanken an Gott, der Verrichtung des Gebets und der Entrichtung der Pflichtabgabe an die Armen. Der Gläubige kann auch Gottes Vergebung und Belohnung durch Spenden erringen.

Almosen sollen aus Glaubensüberzeugung gegeben werden, nicht aber, um »von den Menschen gesehen zu werden« (2,265.273).

Verwendet werden soll die Pflichtabgabe nach Sure 9 zur Unterstützung der Armen und Bedürftigen, der Steuerverwalter, Schuldner, mittellosen Wanderer, für den Islam Kämpfenden und Konvertiten, die durch den Glaubensübertritt zum Islam in materielle Not geraten sind, sowie für den Freikauf von Sklaven. Da die Pflichtabgabe auf Grund ihrer Orientierung an der frühen Beduinengesellschaft nicht genügend Einnahmen für spätere Regierungen gewährleistete, wurden weitere, nicht durch den Koran legitimierte Abgaben erhoben. Mit dem Anstieg der übrigen steuerlichen Belastung ging jedoch die Bereitschaft der Gläubigen zurück, zusätzlich die Pflichtabgabe zu zahlen. Da ihr als einer der »fünf Säulen« besondere Bedeutung zukam, prangerten Kritiker diese Diskrepanz zwischen religiösem Gebot und gesellschaftlicher Praxis an. Die Zakat war ein Symbol der sozialen Gerechtigkeit in der frühen medinensischen Gemeinde, die von späteren Herrschern korrumpiert wurde. Die Frage nach gerechter Besitzverteilung und Gewinnstreben, die auch im Mittelalter zwischen Mystikern und Kaufleuten diskutiert wurde, erhält heute in der Auseinandersetzung mit westlichen Ideologien und bei der Suche nach angemessenen Wirtschafts- und Entwicklungskonzeptionen neue Bedeutung. Häufig versucht man in diesem Zusammenhang, Koranverse vor dem Hintergrund sozialstaatlicher Überlegungen neu zu interpretieren.

Gott wird geben aus seinem Überfluss

9,59–60: Und wären sie doch zufrieden mit dem, was ihnen Gott gibt und sein Gesandter, und sprächen: Unser Genüge ist Gott. Fürwahr, Gott wird uns geben aus seinem Überfluss und ebenso sein Gesandter, siehe, an Gott wenden wir uns bittend.

Die Pflichtabgabe ist nur für die Armen und Bedürftigen und die, welche sich um sie bemühen, und die, deren Herzen für den Glauben gewonnen sind, und die Gefangenen und die Schuldner und den Schuldner auf dem Weg Gottes und den Reisenden. Dies ist eine Vorschrift von Gott. Siehe, Gott ist wissend und weise.

Wehe denen, die das Maß verkürzen

83,1–6: Im Namen Gottes, des barmherzigen Erbarmers.
Wehe denen, die das Maß verkürzen,
die für sich, wenn sie sich von den Leuten zumessen lassen, volles Maß verlangen,
wenn sie ihnen jedoch zumessen oder zuwägen, weniger geben.
Glauben jene etwa nicht erweckt zu werden an einem gewaltigen Tag,
dem Tag, an dem die Leute vor dem Herrn der Welten stehen?

Wehe den Betenden, die den Beistand versagen

107,1–7: Im Namen Gottes, des barmherzigen Erbarmers.
Hast du den gesehen, der das Gericht leugnet?
Er ist es, der die Waise verstößt
Und nicht antreibt zur Speisung der Armen.
Drum wehe den Betenden,
Die nachlässig in ihren Gebeten sind,
Die nur gesehen werden wollen
Und den Beistand versagen.
92,5–11: Und was aber den anlangt, der gibt und Gott fürchtet und das Schönste glaubt, dem machen wir es leicht zum Heil.

Was aber den anlangt, der geizig ist und nach Reichtum trachtet und das Schönste für Lüge erklärt, dem machen wir es leicht zum Unheil.

Und nichts nützt ihm sein Reichtum, wenn er ins Feuer herabgestürzt wird.

Ein mildtätiger Mensch handelt wie Gott

2,261–268: Die da ihr Gut im Wege Gottes spenden, gleichen einem Korn, das in sieben Ähren schießt, in deren jeder Ähre hundert Körner sind. Und Gott gibt doppelt, wem er will, Gott ist umfassend und wissend.

Die ihr Gut im Wege Gottes spenden, jedoch ohne mit ihren Spenden Vorhaltungen und Kränkungen zu verknüpfen, ihnen ist

Belohnung von ihrem Herrn sicher. Keine Furcht wird über sie kommen, noch werden sie traurig sein.

Ein gutes Wort, wenn man versagen muss, und eine Bitte um Verzeihen ist besser als eine Almosenspende, der eine Kränkung folgt. Gott ist doch auch reich und dabei milde.

O ihr, die glaubt, vereitelt nicht eure Almosen durch Vorhaltungen und Kränkungen, gleich dem, der sein Hab und Gut spendet, um die Menschen auf sich aufmerksam zu machen, aber er glaubt nicht an Gott und das Jenseits. Sein Fall gleicht einem glatten Felsen mit Erdreich darüber, den ein Platzregen überschüttet und kahl macht. Sie erzielen nichts aus dem, was sie gearbeitet haben, denn Gott leitet nicht das ungläubige Volk.

Und das Ergehen derer, die ihr Hab und Gut spenden, um nach dem Wohlgefallen Gottes zu trachten und sich selbst zu stärken, gleicht einem Garten auf einem Hügel, den ein Platzregen trifft und der seine Frucht zweifach hervorbringt. Und wenn ihn kein Platzregen trifft, so genügt ihm auch etwas Tau. Gott schaut, was ihr tut.

Wünscht einer von euch, dass ihm ein Garten wird von Palmen und Reben, durcheilt von Bächen, in dem er allerlei Früchte hat, und dass ihn das Alter trifft, wenn er noch zarte Kinder hat, und da trifft ihn ein Wirbelsturm und der Garten verbrennt. So verdeutlicht Gott die Lehre, damit ihr nachdenkt.

O ihr Gläubigen, spendet von den guten Dingen, was ihr verdient und was wir für euch aus der Erde hervorbringen, und sucht nicht das Schlechte darunter raus zum Spenden, ihr würdet es ja auch selbst nicht nehmen, ihr müsstet denn dabei ein Auge zudrücken. Und wisst, dass Gott reich und gepriesen ist.

Der Teufel schreckt euch mit Furcht vor Verarmung durch Spenden und überredet euch zum Geiz, Gott aber verheißt euch Schutz vor der Armut und verheißt Überfluss, denn Gott ist freigebig, allwissend.

Was ihr an Pflichtabgabe gebt

30,39: Und was ihr an Wucher ausleiht, um es zu vermehren mit dem Gut der Menschen, das soll sich nicht vermehren bei Gott. Und was ihr an Pflichtabgabe gebt, und trachtet nur nach dem Wohlgefallen Gottes, solche Leute vervielfachen ihren Besitz.

Speisegebote

Prinzipiell gilt für die Muslime: »Esst und trinkt von den guten Dingen, aber treibt keine Verschwendung.« Die dem Menschen von Gott zur Verfügung gestellte Nahrung soll zweckmäßig gebraucht werden. Der Islam kennt »reine« und »unreine« Speisen. Muslime dürfen nur das Fleisch rituell geschlachteter Tiere verzehren. Türkische Fleischereien (kasab) verkaufen es als Halal et (»rituell reines Fleisch«). Verboten sind dem Muslim auch Schweinefleisch und mit Zutaten vom Schwein hergestellte Produkte, etwa Kartoffelchips und bestimmte Käsesorten.

Islamische Gesundheitsexperten untermauern das Schweinefleischverbot mit medizinischen Argumenten. Sie sehen darin zum Beispiel eine Vorbeugemaßnahme gegen Trichinose, die durch das Schwein auf den Menschen übertragen werden kann und eine besonders sorgfältige Fleischbeschau verlangt, wie sie früher nicht zu leisten war. Schweinefleisch wird heute nicht nur von islamischen Medizinern als Ursache vieler Krankheiten (Gallenkoliken, Darmkatarrh, Gastroenteritis mit typhösen und paratyphoiden Krankheitsbildern sowie akuten Ekzemen, Furunkeln und Abszessen) sowie von erhöhtem Blutdruck, Arterienverkalkung und hohem Cholesterinspiegel gesehen. Schließlich wird auf das im Schweinefleisch vorhandene Histamin und die Immidazolkörper hingewiesen, die Magengeschwüre, Asthma und Heufieber einleiten können. Muslime betrachten es als Bestätigung ihrer Argumente, dass verschiedene Richtungen alternativer Ernährung Schweinefleisch, wenn auch nicht aus denselben Gründen, ablehnen.

Der Genuss alkoholischer Getränke ist im Islam verboten: Als ein wichtiger Grund für dieses Verbot gilt die gesellschaftszerstörende Kraft des Alkohols. Trotzdem wird eine gewisse nützliche Wirkung des Alkohols nicht geleugnet. Heute wird im Zuge der Re-Islamisierung in islamischen Ländern besonders streng auf die Einhaltung des Alkoholverbots geachtet. Alkohol enthaltende Arzneien gelten hingegen weitgehend als erlaubt.

Was dem Essenden verboten ist

2,173: Verboten hat er euch nur Fleisch von verendeten Tieren, Blut, Schweinefleisch und Fleisch, worüber beim Schlachten ein anderes Wesen als Gott angerufen wurde. Aber wenn einer sich in einer Zwangslage befindet, ohne von sich aus etwas Verbotenes zu begehren oder eine Übertretung zu begehen, trifft ihn keine Schuld. Gott ist barmherzig und weise.

Nähert euch nicht trunken dem Gebet

4,43: O ihr, die ihr glaubt, nähert euch nicht trunken dem Gebet, sondern wartet, bis ihr wisset, was ihr sprecht.
5,90: O ihr, die ihr glaubt, siehe, der Wein, das Spiel, die Bilder und die Pfeile sind ein Gräuel von Satans Werk. Meidet sie. Vielleicht geht es euch wohl.

Beim Wein ist die Sünde größer als der Nutzen

2,219: Sie werden dich befragen nach dem Wein und dem Spiel. Sprich: In beiden liegt große Sünde und Nutzen für den Menschen. Die Sünde in ihnen ist jedoch größer als der Nutzen.

Wein und Spiel sollen von Gott ablenken

5,90 : Der Satan will nur zwischen euch Feindschaft und Hass werfen durch Wein und Spiel und euch abwenden vom Gedanken an Gott und dem Gebet. Wollt ihr deshalb nicht davon ablassen?

Krieg und Frieden

Wer Nachsicht übt, folgt dem Beispiel Gottes

Das Verhältnis des Islam zur Gewalt ist bei uns besonders mit Vorurteilen belastet. Seit seiner Entstehung wurde der Islam vom Abendland als Bedrohung empfunden. Gerade heute besteht eine unterschwellige oder ausgeprägte Angst vor den angeblich fanatischen Muslimen, welche unserer freiheitlichen demokratischen Grundordnung den »heiligen Krieg« erklärt haben. Dieses Problem wird dadurch verschärft, dass sich immer mehr extreme islamische Gruppen des Wortes Djihad zur Untermauerung ihrer Ideologie bedienen.

Nichtmuslime kennen vom Koran oft nur seine vermeintlichen Aussagen über Krieg und Andersgläubige, obwohl diese Aussagen nur einen geringen Prozentsatz der Verse ausmachen. Die mit der Ausbreitung des islamischen Herrschaftsgebiets verbundenen Kriege, die jedoch nicht mit dem Terminus Djihad zu bezeichnen sind, haben bei vielen den Eindruck entstehen lassen, dass Mohammed und der Koran das Ziel hatten, andere Menschen mit Gewalt zum Islam zu bekehren.

Die Worte Barmherzigkeit und Frieden kommen weit häufiger im Koran vor als Kämpfen und Krieg. Von den 99 schönsten Beinamen Gottes gehören sehr viele in den Bereich Barmherzigkeit und Liebe: der Erbarmer, der Barmherzige, der Gnädige, der große Verzeiher, der stets Verzeihende, der [Sünden] Vergebende, der die Reue Annehmende, der Liebe- und Erbarmungsvolle, der Liebevolle, der Nachsichtige, der Wohltätige, der [Güte] Gewährende, der Frieden (s. s. 35 ff.). Es ist vom islamischen Standpunkt völlig abwegig, sich Gott als einen obersten Kriegsherrn vorzustellen. Keiner seiner Beinamen verweist in diese Richtung.

Der Mensch soll vergeben und barmherzig handeln, wenn er Gott nacheifert. Die Wörter Islam und Frieden (Salam) besitzen denselben Wortstamm. Der Gruß der islamischen Gemeinde lautet: »Friede sei mit dir!«

Friede ist ein Beiname Gottes

59,23: Er ist Gott, außer dem es keinen Gott gibt, der Herrscher, der Heilige, der Friedliche, der Bewährende, der Behüter, der Unbezwingliche, der Allmächtige, der Hocherhabene. Gepriesen sei Gott. Der Makellose steht über dem, was sie ihm beigesellen.

Vorgeschrieben hat sich Gott selbst die Barmherzigkeit

6,54: Und wenn zu dir diejenigen kommen, die an unsere Lehren glauben, so sage: »Frieden über euch!« Vorgeschrieben hat sich Gott selbst die Barmherzigkeit, denn wer von euch etwas Schlechtes unwissentlich tut, dann aber bereut und sich bessert, dem zeigt er sich bestimmt als vergebend und barmherzig.
27,59: Sprich: »Lob sei Gott und Frieden über seine Knechte, welche er auswählte.«

Gott führt auf den Weg des Friedens

5,15–16: O ihr Schriftbesitzer, bereits ist unser Gesandter zu euch gekommen, er legt euch vieles klar, was ihr aus der Schrift verheimlicht, und übergeht vieles, gewiss ist euch von Gott ein Licht und ein klargelegtes Buch gekommen, durch welches Gott denjenigen, der nach seinem Wohlgefallen lebt, auf den Weg des Friedens leitet und sie Kraft seines Willens aus der Finsternis ins Licht führt und auf einen geraden Weg weist.

Gott kann Feinde versöhnen

60,7: Vielleicht [geschieht es], dass Gott zwischen euch und denjenigen unter ihnen, mit denen ihr verfeindet seid, Frieden stiftet. Denn Gott ist ein Allmächtiger. Gott ist vergebungsreich und barmherzig.

Wer Nachsicht übt, folgt dem Beispiel Gottes

64,14: Wenn ihr verzeiht, Nachsicht übt oder vergebt, so folgt ihr damit dem Beispiel Gottes. Gott ist barmherzig und bereit zu vergeben.

41,33–35: Wessen Rede ist schöner als dessen, der zu Gott ruft und Gutes tut und behaupten kann: »Ich bin ja der Moslems [der Gottergebenen] einer.«

Und es ist das Gute nicht so wie das Böse. Erwidre das Böse mit dem, was besser ist: Und dann wird derjenige, mit dem du in Feindschaft lebtest, so umgewandelt werden, als wenn er ein warmherziger Freund wäre.

2,263: Gütige Rede und Verzeihung sind besser als ein Almosen, dem Unrecht folgt. Gott ist reich und milde.

Stiftet Frieden zwischen streitenden Parteien

49,9–10: Und sollten zwei Parteien von den Gläubigen sich gegenseitig bekämpfen, so stiftet Frieden zwischen den beiden. Tut aber die eine von ihnen der anderen Unrecht, so bekämpft die, die Unrecht tut, bis sie sich Gottes Gebot fügt, und wenn sie sich gefügt hat, so stiftet Frieden zwischen den beiden mit Gerechtigkeit und seid gerecht. Gott liebt ja die Gerechten.

Die Gläubigen sind gewiss Brüder. Drum stiftet Frieden zwischen euren Brüdern und fürchtet Gott, auf dass ihr Barmherzigkeit findet.

8,61: Sollen die Feinde jedoch zum Frieden geneigt sein, so sei du ebenfalls dazu geneigt und vertraue auf Gott. Er ist ja der Allhörende und der Allwissende.

33,41-44: O ihr Gläubigen, gedenket Gottes in häufiger Erinnerung.

Und preist ihn morgens und abends.

Er ist derjenige, der euch segnet, damit er euch aus der Finsternis ins Licht führe, denn er ist gegen die Gläubigen barmherzig. Der Gruß an sie, am Tag, da sie ihm begegnen, ist: »Frieden!« Ferner bereitet er für sie eine ehrenvolle Belohnung.

33,56: Gott und seine Engel segnen ja den Propheten. O ihr, die ihr glaubt, segnet auch ihr ihn und begrüßt ihn mit Friedensgruß.

43,88–89: Und denke an Mohammeds Wort: »O, mein Herr, wahrlich, dies sind Leute, die nicht glauben.«

So wende dich ab und sage: »Frieden!« Bald werden sie wissen.

Djihad muss nicht mit der Waffe geführt werden

Der Begriff Djihad bedeutet wörtlich Anstrengung, Mühe und Einsatz und findet sich bereits in den ersten mekkanischen Offenbarungen, als das Thema Krieg für die junge muslimische Gemeinde nicht aktuell war. Ausgehend von dieser Grundbedeutung bezeichnet Djihad in Medina – vermutlich ab dem zweiten Jahr nach der Auswanderung – den Einsatz für den Islam schlechthin, mit der Betonung auf den Einsatz von Vermögen und Leben (Vgl. auch 8,72). In erster Linie ist also ein gesellschaftlicher Einsatz gemeint und eine entschlossene geistige Haltung. Wesentlich ist, dass Djihad von seiner wörtlichen Bedeutung weder »Krieg führen« noch »Töten« beinhaltet, im Gegensatz zu dem Wort qatala (»Krieg führen, Töten«).

Im Mittelpunkt des Djihad steht der Gedanke der Selbstaufopferung und der Opferung des eigenen Vermögens für Gott. Entsprechend wird Djihad im Koran nicht auf konkrete Schlachten bezogen, wohl aber bisweilen auf den kämpferischen Einsatz, der auch in einer Schlacht stattfinden kann, aber nicht notwendigerweise bewaffnet geführt werden muss.

Ferner widerspricht es dem koranischen Wesensgehalt von Djihad, ihn als »heiligen« Krieg zu bezeichnen. Auch Qital im Sinn eines Verteidigungskrieges der islamischen Gemeinschaft ist nicht heilig zu nennen. Krieg ist niemals heilig. Selbst ein Verteidigungskrieg stellt ein notwendiges Übel dar. Schließlich haben die Worte Islam und Salam (Frieden) dieselben Wurzeln.

Im Gegensatz zur koranischen Intention erhielt Djihad in der Zeit nach Mohammeds Tod einen anderen Stellenwert: Weltliche Kämpfe und Kriege um wirtschaftliche und politische Macht erhielten eine »religiöse Weihe« und wurden vergleichbar den christlichen Kreuzzügen zu einem Djihad hochstilisiert.

Nach der Lehre des islamischen Völkerrechts, das jedoch nicht im Koran oder der Prophetenüberlieferung ausformuliert wurde, ist die Welt in Dar al-Islam (»Gebiet des Islam«) und Dar al-Harb (»Gebiet des Krieges«) unterteilt. Diese Einteilung ist spätestens seit dem 8. Jahrhundert nachweisbar. Bezeichnenderweise wird hier das weltliche Wort Harb verwandt, was verdeutlicht, dass in erster Linie die Interessen des islamischen Staates betroffen waren. Das Gebiet des Krieges konnte aber auch zu einem Dar al-Ahd (»Gebiet des Vertrages«) werden, wobei die ursprüngliche Vorstellung war, ein Waffenstillstand dürfe nicht länger als zehn Jahre dauern. Für manche Muslime gelten bis heute jedoch vorübergehende und befristete Friedenszeiten nur als Pause zur Islamisierung der gesamten Welt.

Bereits Mohammed hat im Sinne des Korans einer Überlieferung zur Folge zwischen einem »kleinen« und einem »großen Djihad« unterschieden. Während die Opferung von Vermögen und Leben als »kleiner Djihad« gilt, bezeichnet der »große Djihad« den Kampf gegen das Böse und die eigenen schlechten Eigenschaften.

Entsprechend umfasst das Begriffsfeld von Djihad in seiner umfassenden Form jede große Anstrengung für ein gottgefälliges Ziel mit einem ähnlichen Spektrum wie das deutsche Wort »Kampf« (Kampf gegen Korruption und Analphabetismus als moralisch hoch stehende Handlung, dagegen Kampf um Alleinherrschaft als nicht gottgefällig).

Moderne islamische Autoren unterscheiden mit Vorliebe drei Erscheinungsformen des Djihad:

1. Persönliche Opfer gegen einen äußeren Feind
2. Kampf gegen die eigenen schlechten Eigenschaften
3. Kampf für die Verwirklichung höherer Werte

Der Begriff Djihad hat gerade in diesem Jahrhundert neue politische Interpretationen erfahren:

1. Befreiungskampf gegen Kolonialismus
2. Kampf gegen ungerechte Herrscher und Systeme (gab es bereits in der islamischen Geschichte)
3. Einsatz auf wirtschaftlichem und kulturellem Gebiet

Auf Grund seiner Bandbreite ist der Gebrauch des Begriffs Djihad leicht manipulierbar, wenn Politiker oder religiöse Führer die Empörung über politische und wirtschaftliche Missstände auf Sündenböcke lenken, die als Verkörperung des Bösen gelten, und gegen die sich dann der irregeleitete Zorn der fanatisierten unterprivilegierten Bevölkerungsteile richtet.

Die heute zunehmende kritische Einstellung gegenüber dem Westen dient einerseits zur Festigung eines islamischen Selbstwertgefühls. Dieses steigert sich jedoch bisweilen zu einem übertriebenen Selbstgerechtigkeitsgefühl und zu Fremdenhass, der auch unerfüllte materielle Bedürfnisse kompensiert. Dieser aggressiven Grundeinstellung verleiht die Idee des Djihad, wenn sie einseitig interpretiert und manipuliert wird, eine Rechtfertigung für Krieg, Attentate bis hin zur Legitimierung eines pseudoislamischen Terrorismus.

Dies geschieht auch deshalb, weil der Begriff Djihad seit den 1970-er Jahren eine Umdeutung erfahren hat, die jedoch nur für einen begrenzten Teil der Muslime repräsentativ ist. Als Ausgangspunkt für diese Neuinterpretation gilt die Dissertation von Umar Abd ar-Rahman an der theologischen Hochschule al-Azhar in Kairo. In dieser Schrift radikalisierte Abd ar-Rahman den Begriff Djihad als bewaffneten Kampf gegen alle Ungläubigen mit dem Ziel, sie zum Islam zu bekehren.

Diese Ideologie fand rasche Verbreitung und wurde auch zur Rechtfertigung für die Ermordung des ägyptischen Friedenspräsidenten Anwar as-Sadat durch eine Terrorgruppe gleichen Namens (Djihad) herangezogen.

Bei dieser neuen Auslegung des Begriffs wird Djihad zur sechsten Grundpflicht jedes Muslims, während er nach der Interpretation des islamischen Völkerrechts nur bei Bedarf für einen Teil der Gläubigen verpflichtend war. Diese nicht haltbare Erweiterung der Grundpflichten wird von Theologen weitgehend nicht anerkannt, hat aber bei einigen extremistischen Gruppen, zum Beispiel den Islamisten in Algerien und den Taliban in Afghanistan, eine verheerende Bedeutung gewonnen.

Ein weiterer wichtiger Name im Zusammenhang mit der neuen Djihad-Idee ist Adbullah Azzam. Er ist der Begründer der islamistischen Hamas in Palästina, der nach der sowjetischen Invasion Afghanistans junge Männer in diesem Land rekrutierte und dabei von dem aus Saudi-Arabien stammenden Millionär Osama bin Laden unterstützt wurde.

Für Abdullah Azzam fordert Djihad einen Einsatz mit der Waffe in der Hand, der so lange dauert, bis ein islamisches Kalifat errichtet und alle unterdrückten Muslime in der Welt befreit sind. Für Verhandlungen ist bei seiner Auslegung kein Raum. Zentral für ihn ist die Einheit Gottes, die er durch die gegenwärtige Weltlage beeinträchtigt sieht. Damit steht er in gewisser Weise in der Tradition extremer Reformbewegungen der islamischen Geschichte, welche unter Berufung auf die Einheit Gottes und die Idee des Djihad die jeweiligen an der Macht befindlichen Regierungen zu stürzen versuchten (zum Beispiel die Almohaden, die Almoraviden oder auch die Wahhabiten).

Wenn heute Muslime pauschal zu einem Djihad gegen »die Ungläubigen« aufrufen, haben sie den koranischen Kontext verlassen und eine Neuinterpretation des Begriffs »Ungläubige« vorgenommen. Wenn sie auch argumentieren mögen, dass für manche Muslime der »materialistische Westen« oder »die gottlosen Amerikaner« ähnliche Wesensmerkmale wie die mekkanischen Gegner Mohammeds aufweisen (Leugnung der Einheit Gottes, Profitgier und Bekämpfung der wahren Gläubigen), so bleibt dies eine eigenmächtig von einzelnen Menschen vorgenommene Deutung des Korans und der anderen Rechtsquellen, eine Deutung, zu der sie nach islamischem Verständnis gar nicht befugt sind.

Im Islam gibt es keine religiöse Autorität, die einem Papst vergleichbar wäre und »Ex cathedra« sprechen könnte. Einzelne Rechtsgutachten (Fatwas) dürfen zwar von den hierfür autorisierten Muftis ausgesprochen werden, aber sie sind nur für den Gläubigen bindend, der dieses Urteil akzeptieren will. Sonst ist er nicht daran gebunden und kann einen anderen Gutachter um Rat fragen. Wird ein solches Fatwa jedoch von einer Persönlichkeit ausgesprochen, die großes Charisma besitzt, fühlen sich unter Umständen viele Gläubige seinem Inhalt verpflichtet, wie es bei dem Todesurteil Khomeinis gegen Salman Rushdie der Fall war.

Eine Radikalisierung der Djihad-Idee hat es zwar auch in der islamischen Geschichte immer wieder gegeben. Grundsätzlich neu und erschreckend sind heute die gnadenlose Rücksichtslosigkeit gegenüber unbeteiligten Zivilisten und die perfekte Organisation. Bereits Anfang der 1960-er Jahre stellte ein tunesischer Journalist resignierend fest: »Haben Sie Mitleid mit dem arabischen Volk, dessen Interessen von den Parteigängern der Spaltung und Heuchelei gefährdet werden, in deren Dienst sie den islamischen Glauben mobilisieren. Seien Sie Verfechter von Mäßigung und Klugheit und lehren Sie, dass die Ära der heiligen Kriege vergangen ist und dass der Islam niemals durch bloße Worte gesiegt hat. Beharren jene in ihrer Verirrung, so müssen Sie den Djihad gegen sie richten: den Djihad der Aufrichtigkeit in Worten und der Aufopferung in der Tat, den Djihad unserer muslimischen Vorfahren.«

Setzt den Ungläubigen mit dem Koran zu

25,52: Also gehorcht nicht den Ungläubigen, sondern setzt ihnen mit großem Eifer mit dem Koran zu.

Die sich für Gott einsetzen

8,72: Diejenigen, die glauben und auswanderten und sich mit ihrem Besitz und Leben für Gott einsetzen, und diejenigen, die sie beherbergten und unterstützten, die sind eine der anderen Helfer.
22,78: Und strebt in der Sache Gottes mit dem Eifer, wie er ihm gebührt.

Strebe zum eigenen Besten

29,6–7: Und wer da strebt, der strebt zu seinem eigenen Besten. Wahrlich, Gott ist auf niemanden von allen Welten angewiesen. Und jene, die glauben und gute Werke tun, wahrlich, wir werden ihre Übel von ihnen nehmen und ihnen den besten Lohn für ihre Taten geben.

Eifere für die Sache Gottes

4,83–84: Ohne Gottes Barmherzigkeit und Gnade wäret ihr sicher alle bis auf wenige dem Satan gefolgt. Eifere darum für die Sache Gottes – du wirst für keinen verantwortlich gemacht als für dich selbst – und sporne die Gläubigen an. Vielleicht hemmt Gott die Kühnheit der Ungläubigen; denn Gott ist gewaltiger an Kühnheit und gewaltiger beim Strafen.

Streite mit ihnen auf die beste Art

16,125: Rufe zum Wege deines Herrn herbei mit Weisheit und schöner Ermahnung und streite mit ihnen auf die beste Art. Dein Herr kennt ja zum Besten, wer von seinem Weg abgeirrt ist, auch kennt er am besten die Rechtgeleiteten.

Und wollt ihr ihnen vergelten, so vergeltet ihnen genau, wie euch getan worden, seid ihr aber geduldig, wahrlich, so ist es besser für die Geduldigen.

Kämpft, aber begeht keine Übertretung

Es gibt auch Koranverse, die vom Kämpfen handeln. Dabei werden sowohl die Begriffe Djihad als auch Qital (Kampf, Krieg) verwandt. Auch Qital (»Krieg führen«) galt im Koran nicht als allgemeine Regel, sondern war auf die Schutzverpflichtung gegenüber der islamischen Gemeinschaft (der Umma) beschränkt. Daher galten dafür (später ausformulierte) stark einschränkende Regeln:

- Krieg darf nur gegen Angreifer geführt werden, also ausschließlich zur Verteidigung;
- dabei darf nicht übertrieben werden, zum Beispiel nicht aus Rache getötet werden;
- Krieg darf nur für die Sache Gottes geführt werden, nicht aus materialistischen Motiven;
- Krieg muss sofort beendet werden, wenn sich der Angreifer zurückzieht.

Dabei muss man in Betracht ziehen, dass der Koran zwei Aussageebenen umfasst: Zum einen geht es um allgemein gültige religiöse Aussagen, die häufig auf Toleranz und freie Entscheidung abheben. Die Religion des Andersgläubigen wird zwar nicht anerkannt, aber respektiert. Zum anderen beziehen sich Verse des Korans auf konkrete historische Situationen. Es handelt sich um die mit Mohammed verwandten Stämme der Quraish, die Mohammeds Lehre von Anfang an bekämpft hatten. Bis zu der Auswanderung nach Medina (622) hatten die Quraish Mohammed und seine Getreuen verfolgt und schikaniert, später versuchten sie, die junge Gemeinde mit kriegerischer Gewalt zu vernichten. Der Koran berichtet von diesen Schlachten und nimmt Stellung. Er spricht davon, dass diejenigen, die ihren Besitz und ihr Gut für die Sache Gottes einsetzen, über denjenigen stehen, die »daheim geblieben sind«, also die erst einmal abwarten und die anderen vorschicken. In Medina gab es eine Gruppe von Menschen, die als Heuchler bezeichnet wurden. Sie hatten zwar offiziell den Islam angenommen, redeten aber heimlich hinter Mohammeds Rücken. Sie bezogen auch nicht eindeutig Stellung, wenn es gefährlich wurde oder eine Auseinandersetzung drohte. In dieser Situation verheißt der Koran denjenigen, welche sich zur Verteidigung der islamischen Gemeinde einsetzen und gegen ihre Gegner zu Felde ziehen, Lohn im Jenseits. Keinesfalls handelt es sich bei diesen Versen um prinzipielle Aussagen zur Gewaltanwendung.

Die Verse beziehen sich auf konkrete Situationen wie zum Beispiel den Sieg der Muslime über die Mekkaner bei Badr (624) und die Niederlage bei Uhud (625). Den Gläubigen, die zögern, in den Kampf zu ziehen, wird versichert, dass Gott ihnen beisteht.

Diese Kämpfe der jungen Gemeinde werden sowohl mit dem profanen Begriff Qital als auch mit dem bis heute aktualisierten Wort Djihad bezeichnet. Kämpfe besaßen für Mohammeds Zeitgenossen vornehmlich Wettkampfcharakter zur Übung und Bewahrung von Stammestugenden. Es wäre also erstaunlich, wenn Mohammed das Kämpfen grundsätzlich abgelehnt hätte. Wichtig sind jedoch die Einschränkungen und die Aufforderung zur Mäßigung.

Ferner muss berücksichtigt werden, dass mit den »Ungläubigen« im Koran in erster Linie die polytheistischen Mekkaner gemeint sind, nicht jedoch Juden oder Christen, die als Schriftbesitzer gelten.

Kämpfende dürfen sich nur verteidigen und sich nicht zu Übertreibungen vor allem gegenüber nicht am Kampf Beteiligten hinreißen lassen. Später einigten sich islamische Rechtsgelehrte darauf, dass es sich bei den nicht am Kampf beteiligten Personen um Frauen, Kinder, Mönche, Einsiedler und Behinderte handelte. Während eines Kampfes sollten muslimische Soldaten keine Grausamkeiten begehen, zum Beispiel tote Feinde nicht verstümmeln. Entsprechend Mohammeds Verhalten nach dem Sieg über die Mekkaner bei Badr sollten gefallene Feinde beerdigt werden.

Das unnötige Zerstören von Besitz und Eigentum des Feindes sollte auch vermieden werden. Mohammed selber hatte bei der Rückeroberung Mekkas 630 die meisten seiner Gegner mit unerwarteter Milde behandelt.

Die ägyptische Heeresleitung verteilte 1973 eine Broschüre an die Soldaten, um ihnen die Idee des Djihad in Erinnerung zu rufen. Allerdings heißt es in dieser Schrift auch: »Die Religion ist ein Hauptfaktor zur Verwirklichung des Sieges. Doch der Ruhm des Islam beruht nicht auf Tyrannei und Unterdrückung, sondern auf Gerechtigkeit, Mitleid und Fairness.« Von dieser Grundidee haben sich spätere Terrorgruppen distanziert.

Selbstmord ist im Islam verboten; denn nur Gott steht die Verfügungsgewalt über Leben und Tod zu. Dem Selbstmörder wird die Qual des Höllenfeuers angedroht. Anders sieht es mit dem Märtyrer aus, der im Bewusstsein, für die gerechte Sache Gottes zu streiten, fällt. Ihm wird das Paradies verheißen. Bei der Beschreibung des Paradieses spielt immer wieder das Wort Frieden eine große Rolle. Das Paradies ist nicht nur denjenigen versprochen, die beim Kampf fallen, sondern jedem, der an Gott und den Jüngsten Tag glaubt und die islamischen Gebote erfüllt.

Vorgeschrieben ist euch der Kampf, auch wenn er schmerzlich ist

2,216: Vorgeschrieben ist euch der Kampf, obwohl er für euch schmerzlich ist. Es ist aber möglich, dass ihr eine Sache ungern habt und sie trotzdem für euch gut wird, es ist auch möglich, dass ihr eine Sache gern habt und dass sie trotzdem schlecht wird für euch, weil Gott es weiß und ihr es nicht wisst.

Kämpft nicht in den heiligen Monaten

9,5: Wenn nun die heiligen Monate abgelaufen sind, dann tötet die Heiden, wo immer ihr sie findet, greift sie, umzingelt sie und lauert ihnen überall auf. Wenn sie sich aber bekehren, das Gebet verrichten und die Pflichtabgabe leisten, dann lasst sie ihres Weges ziehen.

Diejenigen, die bekämpft werden, dürfen sich verteidigen

22,38: Gott verteidigt diejenigen, die gläubig sind. Er liebt keinen, der ungerecht und undankbar ist. Denjenigen, die bekämpft werden, ist die Erlaubnis gegeben, sich zu verteidigen, weil ihnen vorher Unrecht geschehen ist. Gott hat die Macht, ihnen zu helfen.

Begeht keine Übertretungen

2,190–193: Und kämpft um Gottes willen gegen diejenigen, die euch bekämpfen. Aber begeht keine Übertretung. Gott liebt diejenigen nicht, welche Übertretung begehen. Und tötet sie, wo immer ihr auf sie stoßt, und vertreibt sie, von wo sie euch vertrieben haben, denn die Verführung zum Unglauben ist schlimmer als Töten. Und kämpft nicht gegen sie bei der heiligen Moschee, bis sie dort gegen euch kämpfen. Wenn sie aber gegen euch kämpfen, dann tötet sie. Das ist der Lohn der Ungläubigen. Wenn sie aber aufhören, so ist Gott verzeihend und barmherzig. Und bekämpft sie, bis es keine Verführung mehr gibt und der Glaube an Gott da ist. Wenn sie aber aufhören, so soll es keine Gewalttat geben außer gegen die, die Unrecht tun.

Gott hat euch bei Badr zum Sieg verholfen

3,13: Es ward euch bereits ein Beweis durch zwei Scharen, die zusammenstießen, die eine Schar, die klein und unbedeutend war, kämpfte für die Sache Gottes, und die andere, die zahlenreichere, verhielt sich ungläubig, die wenigen sahen, dass jene Ungläubigen doppelt so viel waren wie sie – ihre Augen zeigten es ihnen, Gott aber stärkt mit seiner Hilfe, wen er will. Hierin ist zweifellos eine Lehre für die Einsichtigen.

Die Niederlage bei Uhud

3,140: Wenn das Heer auch eine Wunde getroffen hat, so hat gewiss auch das feindliche Volk eine ähnliche Wunde getroffen. Und solche Schicksalstage lassen wir wechseln unter den Menschen, damit Gott solche Leute festlegt, die gläubig sind, und große Führer aus euch Gläubigen herausgreife, denn Gott liebt nicht die Frevler.
3,160: Wahrlich, wenn Gott euch zum Sieg verhilft, so gibt es keinen, der über euch siegen könnte. Wenn er euch aber im Stich lässt, wer könnte euch helfen außer ihm.

Die Heuchler

9,41: Zieht aus, ob leicht, ob schwer für euch, und kämpft mit eurem Besitz und eurem Leben für die Sache Gottes, dies ist besser für euch, wenn ihr es versteht.

Hätte es sich um einen greifbaren Gewinn und eine bequeme Reise gehandelt, wahrlich, sie wären dir gefolgt, aber zu weit schien ihnen der schwierige Weg, und doch schwören sie: »Bei Gott, wenn wir gekonnt hätten, wären wir bestimmt mit euch ausgezogen!«

57,10: Es sind nicht gleich diejenigen unter euch, die spendeten und kämpften vor dem Sieg. Sie stehen höher im Rang als jene, die erst nachher spendeten und kämpften.

9,73: O Prophet, bekämpfe die Ungläubigen und die Heuchler und sei streng ihnen gegenüber.

9,123: Kämpft gegen diejenigen unter den Ungläubigen, die euch am nächsten sind, damit sie eure Strenge spüren. Und wisset, dass Gott mit den Gottesfürchtigen ist.

Gott ist mit den Standhaften

8,65–74: O Prophet, feuere die Gläubigen zum Kampf an. Sind auch nur zwanzig Standhafte unter euch, so sollen die zweihundert überwältigen, und sind hundert unter euch, so werden sie tausend von denen überwältigen, die ungläubig sind, weil das ein Volk ist, das nicht begreift. (...) Und Gott ist mit den Standhaften. So esst von dem, was ihr erbeutet habt, soweit es erlaubt ist, und fürchtet Gott. Wahrlich, Gott ist vergebend und barmherzig. O Prophet, sprich zu den Gefangenen, die in euren Händen sind: »Erkennt Gott Gutes in euren Herzen, dann wird er euch etwas Besseres geben, als euch genommen wurde, und er wird euch vergeben. Denn Gott ist vergebend und barmherzig.« Wenn sie aber Verrat an dir üben wollen, so haben sie schon vorher an Gott Verrat geübt. Er aber gab dir die Macht über sie. Und Gott ist allwissend und weise. Wahrlich, diejenigen, die geglaubt haben und ausgewandert sind und mit ihrem Gut und ihrem Blut für die Sache Gottes gekämpft haben, und jene, die ihnen Herberge und Hilfe gaben, diese sind einander Freund. Für den Schutz derjenigen aber, die glaubten, jedoch nicht ausgewandert sind, seid ihr keinesfalls verantwortlich, sofern sie nicht noch auswandern. Suchen sie aber eure Hilfe für den Glauben, dann ist das Helfen eure Pflicht, es sei denn, sie bitten euch gegen ein Volk um Hilfe, zwischen dem und euch ein Bündnis besteht. Und Gott sieht euer Tun. Und die Ungläubigen, auch sie sind einander Freunde. Wenn ihr das nicht tut, wird Verwirrung und gewaltiges Unheil im Lande entstehen. Und diejenigen, die geglaubt haben und ausgewandert sind und für die Sache Gottes gekämpft haben, und jene, die ihnen Herberge und Hilfe gaben, diese sind in der Tat wahre Gläubige.

Gott hat euch das Paradies versprochen

4,95: Aber einem jeden Gläubigen, ob er daheim bleibt oder kämpft, hat Gott das Paradies versprochen. Doch hat Gott die Kämpfenden gegenüber denen, die daheim bleiben, mit gewaltigem Lohn ausgezeichnet, mit besonderen Rangstufen, die sie im Paradies zugewiesen bekommen, und Vergebung und Barmherzigkeit. Gott ist barmherzig und bereit zu vergeben.

Bei Gott ist schönste Belohnung

3,195: Drum werde ich von denjenigen, die fliehen mussten, da sie aus ihren Häusern vertrieben wurden, und denen in meiner Sache Leid zugefügt wurde und die kämpften und fielen, sicherlich die Spuren der ihnen zugefügten Leiden verwischen, und sicherlich werde ich sie in solche Gärten hineinführen, worunter Bäche fließen als Gegenleistung von Seiten Gottes, und Gott, bei ihm ist schönste Belohnung.

9,19: Diejenigen, die glauben und auswandern und mit ihrem Gut und Blut für die Sache Gottes kämpfen, nehmen den höchsten Rang bei Gott ein.

47,4: Und diejenigen, die um der Sache Gottes willen gefallen sind, nie wird er ihre Werke zunichte machen.

61,4: Wahrlich Gott liebt diejenigen, die auf seinem Weg in einer Schlachtreihe kämpfen, als wären sie eine fest gefügte Mauer.

Wer auf dem Wege Gottes fällt, ist nicht wirklich tot

3,169: Und haltet diejenigen, die im Wege Gottes getötet werden, gar nicht für Tote. Sie sind vielmehr Lebendige. Bei ihrem Herrn werden sie beschenkt.

Gott wird euch schönen Lohn geben

48,15–16: Sprich zu den Zurückgebliebenen von den Wüstenbewohnern: »Ihr werdet bald gerufen gegen ein Volk von gewaltiger Macht. Ihr werdet sie bekämpfen, bis sie sich ergeben werden. Solltet ihr also gehorchen, so wird euch Gott schönen Lohn geben. Solltet ihr euch aber abwenden, wie ihr euch zuvor abgewandt habt, so wird er euch mit einer schmerzhaften Strafe bestrafen.«

Gott hat den Gläubigen das Paradies verheißen

10,9–10: Diejenigen, die glauben und gute Taten verrichten, leitet ihr Herr richtig, ob ihres Glaubens, fließen werden unter ihnen die Bäche in den Gärten der Glückseligkeit.

Ihre Anrufung darin ist: »Frieden«, und der Schluss ihrer Anrufung: »Lob sei Gott, dem Herrn der Welten!«

Im Paradies herrscht Frieden

10,25: Und Gott ruft zur Stätte des Friedens und leitet, wen er will, einen geraden Weg.

Frieden für dich, der du von den Genossen der Rechten bist

56,11.26: Also die Genossen der Rechten – wie gut befinden sich die Genossen der Rechten. Sie werden Gott nahe gebracht in Gärten der Üppigkeit (…) als Entgelt dessen, was sie getan haben. Nicht hören werden sie darin ein Scheltwort noch etwas Sündhaftes, nur das Wort: »Frieden, Frieden.«

Tretet ein in das Haus des Friedens

14,23: Und eingeführt werden diejenigen, die glauben und gute Taten verrichten, in Gärten, in denen Bäche fließen, sie bleiben darinnen mit Erlaubnis ihres Herrn, ihr Gruß darin ist: »Friede!«

16,32: Zu denen, die gut waren, werden die Menschen sprechen, wenn sie sie zu sich nehmen: »Frieden über euch! Tretet ein ins Paradies.«

19,61–62: Die Gärten der Ewigkeit, die der Allgütige seinen Knechten für ihre Zukunft versprochen hat, die noch im Verborgenen liegt. Seine Verheißung geht gewiss in Erfüllung. Sie werden dort kein schlechtes Wort hören, nur Frieden.

15,45–46: Siehe, die Gottesfürchtigen kommen in Gärten und Quellen: »Tretet ein in Frieden als Geborgene!«

39,73: Und geführt werden diejenigen, die ihren Herrn fürchten, nach dem Paradies, scharenweise, bis sie es erreicht haben und seine Pforten geöffnet werden und seine Hüter ihnen sagen werden: »Friede über euch! Ihr habt gut getan, drum tretet ein in das Paradies, um darin zu verweilen.«

Sehnsucht nach Frieden

7,44–46: Und die Bewohner des Paradieses werden den Bewohnern des Feuers laut erklären: »Wirklich, wir haben als wahr empfunden, was unser Herr uns versprochen hatte.« Jene werden antworten: »Jawohl.« Darauf wird ein Rufender unter ihnen rufen: »Gottes Fluch über die Gottlosen! Welche von dem Wege Gottes zurückhalten und sich Mühe geben, dass er krumm erscheine und die an den Jüngsten Tag nicht glauben.«

Und zwischen ihnen wird eine Trennung sein, und auf dieser Anhöhe werden sich Menschen befinden, welche die beiden Scharen an ihren Merkmalen erkennen werden und die den Insassen des Paradieses zurufen werden: »Friede über euch!«, jene, die zuschauen, haben es zwar noch nicht betreten, aber sie verlangen danach.

Das Verhältnis zu Juden und Christen: den »Schriftbesitzern«

Die theologischen Grundlagen

Was die koranische Position zu Nichtmuslimen betrifft, muss man zwischen den Polytheisten, den Götzenanbetern, und den Juden und Christen unterscheiden. Mohammed lehnt die Götzenanbeter, die Religion seiner Vorväter in Mekka, kategorisch ab. Im Gespräch mit ihnen, so stellt der Koran fest, gibt es keine Gemeinsamkeiten. Sie werden die Religion Mohammeds nicht annehmen, noch wird Mohammed zu ihrem Glauben zurückkehren. Von Anfang an hat Mohammed bei Juden und Christen und bei ihrer Geschichte mit Abraham eine Gottgläubigkeit festgestellt, der er selber folgte. Dieser Glaube an den einzigen Gott bei gleichzeitiger Ablehnung aller anderen Götter war für Mohammed Islam, und Abraham galt ihm als vorbildlicher Muslim. Das Gleiche lassen Mohammed und der Koran ebenso für Noah, Jakob, Moses und Jesus gelten.

Das Verhältnis zu Juden und Christen ist für beide Phasen der koranischen Verkündigung wichtig. Zu Beginn seiner mekkanischen Phase trat Mohammed als Vertreter des Eingottglaubens der Juden, Christen und Abrahams auf. Dennoch gilt: Sosehr der Koran die Gemeinsamkeit von Juden, Christen und Muslimen betont, so unterstreicht er auch die Unterschiede. In allen Zeitabschnitten der mekkanischen Periode spricht der Koran von Abraham, Moses, Jesus, von Tora und Evangelium sowie den altisraelitischen Propheten als Verkündern der gleichen göttlichen Offenbarung. Eine häufig unterstellte opportunistische Übernahme und Verarbeitung der christlichen und jüdischen Lehre durch Mohammed entspricht nicht den Tatsachen. Sie hätte auch keine Vorteile für Mohammed geboten; denn schon von ihrer Stärke her hätten weder Juden noch Christen in der mekkanischen Zeit für Mohammed eine Unterstützung sein können. Insgesamt lässt sich die Haltung Mohammeds gegenüber der jüdischen und christlichen Lehre folgendermaßen zusammenfassen: Den Juden gegenüber verteidigte er die Reinheit Marias und das Prophetentum Jesu. Den Christen gegenüber und im Rahmen christlich-jüdischer Auseinandersetzungen würdigte er die Leistung des Mose und der anderen israelitischen Propheten, vor allem auch den Eingottglauben Abrahams. Juden und Christen gegenüber berief er sich auf dessen uneingeschränkten Monotheismus. Daraus lässt sich folgern, dass den Bewohnern Mekkas Abraham, Moses und Jesus bekannt gewesen sein mussten; denn sonst hätte Mohammed sie nicht selbstverständlich als Zeugen der Richtigkeit seiner Botschaft anführen können. Alles spricht dafür, dass zahlreiche Juden und Christen in Mekka gelebt haben; entweder mit ständigem Wohnsitz oder im Rahmen ihrer wirtschaftlichen und religiösen Reisen. Mohammeds enge Verbindung zu den Schriften der Juden und Christen bestimmte auch den Geist und Gehalt der Offenbarungen in der medinensischen Periode. Trotz der zum Teil gegensätzlichen Positionen richtet der Koran an Juden und Christen ein Einigungsangebot, das Frieden und Eintracht bewirken sollte (3,64). Für die weitere Entwicklung in medinensischer Zeit ist von großer historischer Tragweite, dass Mohammed nichts an der ursprünglichen Botschaft änderte.

Ich verehre nicht, was ihr verehrt

109: Im Namen Gottes, des barmherzigen Erbarmers.

Sprich: O ihr Ungläubigen [die Polytheisten in Mekka], ich verehre nicht, was ihr verehrt, auch ihr verehrt nicht, was ich verehre. Weder ich werde verehren, was ihr verehrt, noch werdet ihr verehren, was ich verehre. Ihr habt eure Religion und ich habe meine.

Über den Umgang mit Andersgläubigen

16,125: Rufe die Menschen mit Weisheit und einer wohl meinenden Ermahnung auf den Weg deines Herrn und diskutiere auf die beste Weise. Ja, Gott ist allwissend.

Kommt herbei zu einem Wort, das zwischen uns und euch gleich ist

3,64: Sag: Ihr Leute der Schrift! Kommt her zu einem Wort, das zwischen uns und euch gleich ist. Dass wir Gott allein dienen und ihm niemandem beigesellen und dass wir Menschen uns nicht untereinander an Gottes Statt zu Herren nehmen.

Es gibt keinen Zwang im Glauben

2,256: Es gibt keinen Zwang im Glauben. Der richtige Weg unterscheidet sich klar vom Irrtum. Wer also den falschen Göttern keinen Glauben schenkt und Gott glaubt, hat den sichersten Halt gefunden, bei dem es kein Reißen gibt. Und Gott weiß und hört alles.

Wir machen keinen Unterschied zwischen einem von ihnen

3,84: Sag, wir glauben an Gott und an das, was auf uns und was auf Abraham, Ismail, Isaak, Jakob und die Stämme Israels herabgesandt worden ist, und was Moses, Jesus und die Propheten von ihrem Herrn erhalten haben, ohne dass wir bei einem von ihnen einen Unterschied machen.

Gott sandte die Tora und das Evangelium als eine Leitung für die Menschen

3,1–4: Im Namen Gottes, des barmherzigen Erbarmers.

Gott. Es gibt keinen Gott außer ihm, dem Lebendigen, dem Ewigen.

Herabgesandt hat er auf dich das Buch der Wahrheit, als Bestätigung dessen, was ihm vorausging. Und herabsandte er die Tora und das Evangelium zuvor als eine Leitung für die Menschen und sandte nun die Unterscheidung.

Sie, welche Gottes Zeichen verleugnen, für sie ist strenge Strafe. Und Gott ist mächtig, ein Vergelter.

Tora und Evangelium als Leitung und Licht für die Gottesfürchtigen

5,48.46: Herabgesandt haben wir die Tora, in der sich eine Leitung und ein Licht befinden, mit der die Propheten, welche Muslime waren, die Propheten richteten und die Rabbinen und Lehrer nach dem Buche Gottes, was ihrer Hut anvertraut ward und das sie bezeugen. Drum fürchte nicht die Menschen, sondern fürchtet mich und verkauft nicht meine Zeichen um geringen Preis. Und wer sich nicht richtet nach dem, was Gott herabgesandt hat – das sind Ungläubige. (…) Und in ihren Spuren ließen wir folgen Jesus, den Sohn der Maria, zu bestätigen die Tora, die vor ihm war, und wir gaben ihm das Evangelium, darinnen eine Leitung und ein Licht, bestätigend die Tora, die vor ihm war, eine Leitung und Ermahnung für die Gottesfürchtigen.

Wer an Gott und den Jüngsten Tag glaubt, soll keine Furcht haben

5,68–69: O ihr Schriftbesitzer, ihr entbehrt jeder Grundlage, bis ihr die Tora und das Evangelium und das, was zu euch von eurem Herrn herabgesandt wurde, einhaltet. Und was von deinem Herrn zu dir herabgesandt wurde, wird sicher viele von ihnen in ihrer Vermessenheit und ihrem Unglauben noch bestärken. So sei nicht traurig über die ungläubigen Leute.

Gewiss, diejenigen, die glauben, und diejenigen, die Juden sind, und die Sabäer [Religionsgemeinschaft in Südarabien] und Christen, wer auch an Gott und den Jüngsten Tag glaubt und Gutes tut, soll keine Furcht haben, noch soll er traurig sein.

Der Koran fordert zur Tischgemeinschaft und Heirat mit Juden und Christen auf

5,5: Heute sind euch die guten Dinge zu essen erlaubt. Und was diejenigen essen, die vor euch die Schrift erhalten haben, ist für euch erlaubt, und ebenso, was ihr esst für sie. Und zum Heiraten sind euch erlaubt die ehrbaren gläubigen Frauen und die ehrbaren Frauen aus der Gemeinschaft derer, die vor euch die Schrift erhalten haben.

Juden und Christen haben ihre ursprüngliche Lehre verfälscht

Die oft angeprangerte Verfolgung einiger Judenstämme in Medina hat keine Ursache im Prophetentum Mohammeds und dem Glauben der Juden. Der Zwist lag vielmehr in der komplizierten arabisch-jüdisch-christlichen Geschichte auf der arabischen Halbinsel begründet, in der Feindschaft jedes gegen jeden und in der Angst aller vor dem Verlust an Identität und Wirtschaftsmacht. Als sich weder Juden noch Christen Mohammeds Überzeugung der inhaltlichen Identität aller drei Religionen anschlossen, erhob Mohammed folgende Einwände gegen die Lehren der »Schriftbesitzer«: Juden und Christen haben ursprünglich durch ihre Propheten und Gesandten die wahre Offenbarung erhalten, sich aber dann von dem wahren monotheistischen Sinn ihrer heiligen Schriften entfernt. Mit ihrer Lehre von der Trinität und der Gottessohnschaft Jesu gehen die Christen über das Selbstverständnis Jesu als Prophet hinaus und beeinträchtigen die Einzigartigkeit Gottes. Bis in heutige islamische Schulbücher wird diese Verfälschungsthese aufrechterhalten und teilweise damit erklärt, dass zwischen dem Wirken Jesu und der Entstehung des (als ein Buch aufgefassten) Evangeliums ein langer Zeitraum lag, sodass die ursprüngliche Botschaft in Vergessenheit geriet.

Türkische Religionsschulbücher präsentieren in der Hauptsache das koranische Bild von Jesus und den Christen: Jesus ist äußerst gutherzig, ehrenhaft und vertrauenswürdig, führt ein einfaches und moralisch einwandfreies Leben. Wenn die Unterschiede zwischen Islam und Christentum thematisiert werden, so gehen die Schulbücher häufig auf die Mönche und Priester ein, von denen es heißt: Sie können die Beichte abnehmen und Sünden vergeben. Der Islam gilt als überlegen, weil er keine Mittler zwischen Gott und Mensch anerkennt. Während die

Christen ihre Andachten nur in einer Kirche und unter Leitung religiöser Personen abhalten könnten, würden Muslime weder heiliger Orte noch der Führung durch andere bedürfen. Im Christentum kämen die Neugeborenen wegen der Verfehlung des Urelternpaares sündhaft zur Welt und bedürften der Reinigung durch die Taufe.

Nach der Auswanderung nach Medina musste Mohammed sich neben seiner Aufgabe als Prophet auch als politisches Oberhaupt bewähren. Zunächst hatte Mohammed das Gespräch mit den Juden in Medina gesucht und sie als Partner in der Gemeindeordnung von Medina berücksichtigt. In Konflikt zu den Juden geriet Mohammed, als diese sich nicht von den Gemeinsamkeiten im Glauben überzeugen ließen (5,41–42) und hinter seinem Rücken gemeinsame Sache mit den Mekkanern machten. Die Vertreibung und in einem Fall sogar Vernichtung der drei jüdischen Stämme verurteilen wir vom heutigen Standpunkt aus als grausam. Vom damaligen Rechtsempfinden her betrachtet handelte es sich jedoch um Vergeltungsmaßnahmen gegenüber Bündnispartnern, die ihre Verpflichtung nicht eingehalten und die Muslime verraten hatten. (33,25 ff.)

Die Schriftbesitzer galten später im islamischen Staat als »Schutzbefohlene«. Die Einstellung gegenüber Juden und Christen entwickelte sich im Kontext der jeweiligen konkreten politischen Situation. Das klassische islamische Recht teilt die Welt in das »Gebiet des Islam« (dar al-Islam) und »Gebiet des Krieges« (dar al-Harb) ein (s. S. 101). Die Muslime schlossen mit den eroberten Schriftbesitzern Verträge. Garantiert war ihnen: Leben, Eigentum, Wahl des Aufenthaltsortes, private und öffentliche Rechte wie: Heirat, Erbschaft, Eigentum, Handel, das Recht, Gerichte anzurufen. Die Kultorte der Schriftbesitzer waren geschätzt. Ihre kultischen Verrichtungen durften aber keinen demonstrativen Charakter haben. Für die Gewährung dieser »formalen Toleranz« mussten die Schutzbefohlenen Abgaben, später Steuern entrichten. Der islamische Staat war weniger daran interessiert, Proselyten zu gewinnen, als Steuern seiner Schutzbefohlenen zu erhalten. Indirekt förderte diese

Haltung die Toleranz. Meist waren die Schutzbefohlenen dem Staat gegenüber loyal eingestellt. Von Aufständen hört man selten. Weil die Muslime in der Administration unerfahren waren, übernahmen Juden und Christen zum Teil hohe und höchste Ämter.

In politischer Hinsicht war das Verhältnis von Islam und Christentum auch von Konflikten geprägt. In neuerer Zeit wurde das Christentum häufig als Handlanger des Kolonialismus gesehen. Die zunehmende Re-Islamisierung und der Fundamentalismus bzw. Islamismus der letzten 20 Jahre haben die christliche Dialogbereitschaft gegenüber dem Islam erschwert. Was die Beziehung des Islam zum Judentum betrifft, so gab es in der Geschichte oft Phasen großer Toleranz und friedlicher Koexistenz. Seit der Existenz des Staates Israel sind die Beziehungen gespannt, obwohl man sich auf islamischer Seite bemüht, zumindest theoretisch zwischen Juden und Zionisten zu unterscheiden.

Weshalb streitet ihr über das, wovon ihr kein Wissen habt

3,65–69: O Volk der Schrift, warum streitet ihr über Abraham, wo die Tora und das Evangelium erst nach ihm herabgesandt wurden. Habt ihr denn nicht Verstand? Streitet doch über das, wovon ihr Wissen habt, weshalb streitet ihr denn über das, wovon ihr kein Wissen habt. Gott weiß, ihr aber wisst nicht.

Abraham war weder Jude noch Christ, vielmehr war er lauteren Glaubens, ein Muslim und keiner derer, die Gott Gefährten geben.

Siehe, diejenigen Menschen, die Abraham am nächsten stehen, sind wahrlich jene, die ihm folgen, und das sind der Prophet und die Gläubigen. Und Gott ist der Gläubigen Hort.

Ein Teil vom Volk der Schrift möchte euch verführen, doch verführen sie nur sich selbst und wissen es nicht.

Gott wird am Tag der Auferstehung über das richten, worüber sie uneins waren

2,111 f.: Die Juden und Christen sagen: Es werden das Paradies nur die betreten, die Juden und Christen sind. Dies sind nur ihre Wunschvorstellungen. Sprich: Bringt euren Beweis her, wenn ihr die Wahrheit sprecht! Doch wer sich Gott hingibt und Gutes tut, der hat seinen Lohn bei seinem Herrn. Dieser hat nichts zu befürchten und muss nicht traurig sein.

Die Juden sagen: Die Christen stützen sich auf keine Beweise, und die Christen sagen: Die Juden stützen sich auf keine Beweise. Trotzdem lesen sie alle das Buch. Auch diese, die unwissend sind. Genauso wie sie reden, sprechen diejenigen, die kein Wissen besitzen. Gott wird am Tage der Auferstehung über das richten, worüber sie uneins waren.

Was streitet ihr mit uns über Gott?

2,139–140: Sag: Was streitet ihr mit uns über Gott, obwohl er unser Herr und euer Herr ist? Doch wir haben unsere Taten und ihr habt eure Taten zu verantworten. Und wir sind zu ihm aufrichtig.

Oder wollt ihr etwa sagen, dass Abraham, Ismail, Isaak, Jakob und die Stämme Juden oder Christen waren? Sprecht: Wisst ihr es besser oder Gott? Und wer ist ungerechter als der, der ein Zeugnis, das er von Gott erhalten hat, verschweigt? Aber Gott übersieht gewiss nicht, was ihr tut.

Sie sind nicht alle gleich

3,113–115: Sie sind nicht alle gleich. Unter den Leuten der Schrift gibt es speziell unter den frommen Juden eine Gemeinschaft, die andächtig im Gebet steht, die zu bestimmten Zeiten in der Nacht die Verse Gottes verlesen und sich dabei niederwerfen. Sie glauben an Gott und den Jüngsten Tag, gebieten, was Recht ist, verbieten, was verwerflich ist, und wetteifern im Streben nach den guten Dingen. Diese gehören zu den Rechtschaffenen. Für das, was sie an Gutem tun, werden sie einst nicht Undank ernten. Und Gott weiß Bescheid über die, die ihn fürchten.

Sie sind nicht alle gleich

5,82: Und du wirst finden, dass unter allen Menschen die Juden und die, welche Gott andere Götter beigesellen, den Gläubigen am meisten feindlich sind, und wirst finden, dass den Gläubigen diejenigen, die sprechen: »Wir sind Nazarener«, am freundlichsten gegenüberstehen. Dies deshalb, weil unter ihnen Priester und Mönche sind und weil sie nicht hochmütig sind.

Nehmt euch nicht die Juden und Christen zu Freunden

5,57: O die ihr glaubt, nehmt euch nicht die Juden und Christen zu Freunden, sie sind untereinander Freunde, und wer von euch sie zu Freunden nimmt, der ist von ihnen. Gott leitet nicht ungerechte Leute.

Sei nicht traurig über diejenigen, die dem Unglauben zueilen

5,41–42: O Gesandter, nicht sollen dich traurig machen diejenigen, die dem Unglauben zueilen aus der Schar derer, die mit ihrem Mund sprechen: »Wir glauben«, während ihr Herz nicht glaubt, und von denjenigen, die Juden sind, auf Lügen Horchende, auf andere Leute Hörende, die selber nicht zu dir kamen, sie verdrehen die Worte in ihrer Bedeutung, sie sagen zu ihren Leuten: »Bekommt ihr vom Propheten solche Antwort, wie wir euch sagen, so glaubt an ihn, bekommt ihr sie jedoch nicht, so seid vorsichtig.« Und wessen Versuchung Gott will, für den kannst du nichts gegen Gott ausrichten, diejenigen, deren Herzen Gott nicht zu reinigen wünscht, für sie ist Schande in dieser Welt und gewaltige Qual im Jenseits.

Sie sind auf Lüge horchend und fressen ungerechtes Gut. Sollten sie sich an dich wenden, so richte zwischen ihnen oder wende dich von ihnen ab. Und wenn du dich von ihnen abwendest, so können sie dir nicht schaden. Und wenn du richtest, so richte zwischen ihnen mit Gerechtigkeit. Gott liebt unbedingt die Gerechten.

Die Schriftbesitzer, die den Feinden geholfen hatten

33,23–27: Unter den Gläubigen gibt es Männer, die das als wahr erwiesen, worüber sie mit Gott ein Bündnis geschlossen haben, und unter ihnen manchen, der sein Gelübde einlöste, auch unter ihnen manchen, der noch darauf wartet, und sie wandelten sich nicht im Geringsten.

Dies geschah, damit Gott die Wahrhaftigen für ihre Wahrhaftigkeit belohne und die Heuchler bestrafe, wenn er will, oder sich zu ihnen wende. Gott ist ja vergebend und barmherzig.

Und Gott stieß die Ungläubigen in ihrer Wut zurück, sodass sie keinen Vorteil erringen konnten, Gott aber genügte für die Gläubigen im Kampf, denn Gott ist stark, unbezwinglich.

Und er jagte die Schriftbesitzer, die den Feinden geholfen hatten, aus ihren Burgen und warf in ihre Herzen Schrecken. Einen Teil habt ihr erschlagen, und gefangen genommen habt ihr einen anderen Teil.

Und er gab euch in Besitz ihr Land und ihre Häuser und ihr Hab und Gut.

Kämpft gegen sie, bis sie Tribut zahlen

9,29: Kämpft gegen diejenigen, die nicht an Gott und nicht an den Jüngsten Tag glauben und nicht verbieten, was Gott und sein Gesandter verboten haben, und nicht der Religion der Wahrheit gehören, von denen die das Buch erhalten haben, bis sie demütig den Tribut aus der Hand entrichten.

Manche Muslime betonen, dass das Bemühen um Freiheit, Gleichheit und Gerechtigkeit nicht erst seit der Neuzeit im christlichen Europa und in den USA einsetzte. Auch die Muslime hätten von jeher für diese Werte gekämpft. Man wehrt sich gegen einen Eurozentrismus, der davon ausgeht, dass alle fortschrittlichen geistigen und technischen Errungenschaften ihren Ursprung im christlichen Abendland haben.

Anderseits hat der unverkennbare Niederschlag der antiken und mittelalterlichen Denkweise in einem Teil der islamischen Strafjustiz dazu geführt, dass dem Islam eine mangelnde Sensibilität für die Menschenrechte nachgesagt wird. Die alltägliche Praxis mancher Gesellschaften, die sich als islamisch ausgeben, verstärkt diesen Eindruck. Hinzu kommt, dass in den meisten Verfassungen islamischer Länder die Menschen- und Grundrechte zwar theoretisch verankert sind, in der Praxis jedoch oft dagegen verstoßen wird, weil die Demokratisierung nicht genügend weit fortgeschritten ist.

Der Koran führt den Ursprung aller Rechte auf Gott zurück, teilt daher nicht den Grundsatz der Aufklärung: »Der Mensch ist das Maß aller Dinge.« Dennoch hat schon der Koran, wie 1981 auf einer internationalen Gelehrtenkonferenz in Paris unterstrichen wurde, nicht weniger als 20 grundlegende Menschenrechte formuliert: u. a. das Recht auf Leben, Würde und Freiheit des Menschen, auf Schutz gegen Übergriffe und Misshandlung, das Recht auf Asyl, Minderheitenschutz, Hausfrieden, soziale Sicherheit und Arbeitsschutz sowie auch (mit Einschränkungen) Glaubensfreiheit.

Seit Beginn der Re-Islamisierung ist zu beobachten, dass auf Grund der Wiedereinführung des islamischen Strafrechts Delikte wie Mord, Raub, Vergewaltigung, Ehebruch, Homosexualität sowie Alkohol- und Drogenmissbrauch durch Auspeitschen, Abschlagen von Händen und Füßen oder Hinrichtung bestraft werden. Selbstverständlich erregen solche Maßnahmen unser Befremden und unsere Abscheu.

Hinter diesen Strafen steht ein – verglichen mit dem abendländischen – unterschiedliches Rechtsverständnis. Der Islam geht von verschiedenartigen Pflichten des Menschen gegenüber Schöpfer und Mitmenschen aus. Diese Unterscheidung bestimmt auch das Rechtsverständnis, sodass von einem »göttlichen« und »menschlichen Recht« gesprochen wird. Neben Gott und dem Individuum stellt die Gemeinschaft die dritte den Rechtsvollzug bestimmende Größe dar. Dabei werden die gesellschaftlichen Rechte im Islam nicht als soziale, sondern als göttliche Rechte bezeichnet.

Als Verletzung des gültigen Rechts gilt eine bestimmte im Koran festgelegte Kategorie von Straftaten, welche die Gesellschaft gefährden können: Alkoholgenuss, Straßenraub, schwerer Diebstahl, widerrechtlicher Geschlechtsverkehr, falsche Bezichtigung der Unzucht. Aufgabe der islamischen Justiz ist es, diese Delikte im Namen Gottes zu bestrafen. Normalerweise liegt die Rechtsprechung in der Zuständigkeit des Qadis (»Richters«), der sein Urteil auf die Grundlage von Geständnissen des Angeklagten, Zeugenaussagen und Gutachten von Rechtsgelehrten stützt.

Nach Ansicht der Rechtsgelehrten ist eine Überführung des Angeklagten eigentlich nur nach dessen Geständnis möglich. Um Fehlurteile auszuschalten, berücksichtigt das islamische Recht auch die Zurechnungsfähigkeit und Strafmündigkeit des Beklagten. Ebenfalls soll die Glaubwürdigkeit der Zeugen einer strengen Prüfung unterzogen werden. Gerade bei Sexualverbrechen werden strenge Maßstäbe an die Zeugen gelegt. So kann eine Frau nur des Ehebruchs überführt werden, wenn vier Zeugen dies beeiden. Falsche Anschuldigungen werden streng bestraft. Erhebt der Ehemann den Vorwurf, so muss er ihn fünfmal beeiden und zieht sich im Fall einer Falschaussage den Fluch Gottes zu. Ebenso kann die Frau fünfmal ihre Unschuld beteuern. Das Urteil liegt dann im Ermessen des Richters.

Ein weiteres Vergehen, das in den Bereich des »göttlichen Rechts« fällt, ist die Apostasie, der Glaubensabfall vom Islam. Privatrechtliche Delikte, wie zum Beispiel Verbrechen gegen

Leib und Leben, gehören in die Sphäre des »menschlichen Rechts«. Bei Verleumdung, Körperverletzung oder Totschlag dürfen der Betroffene oder dessen Erben das Strafmaß festsetzen. In der Regel einigen sich beide Familien, ob die Todesstrafe oder Blutgeld bzw. eine andere Sühne gefordert wird. Geschah die Tat nicht vorsätzlich, darf der Schuldige nicht mit dem Tod bestraft werden. Zu einer dritten Gruppe von Vergehen, die das »göttliche« und das »menschliche Recht« zugleich betreffen, gehören gemeinschaftszerstörende Delikte wie Raubüberfall, Unruhestiftung und die Bedrohung Wehrloser, die durch Hinrichtung, Abhacken von Händen oder Füßen oder Verbannung bestraft werden.

Der Strafvollzug basiert auf dem Grundsatz, dass weder Gott noch der Staat den Rechtsanspruch des Menschen beschneiden dürfen und es ebenso der islamischen Justiz nicht gestattet ist, das »göttliche Recht« zu missachten. Jeder Fall soll genau geprüft und Zeugen sollen befragt werden.

Ein wichtiges Prinzip lautet: »Jede Art von Zweifel verbietet den Strafvollzug.« Außerdem soll man trotz der Forderung nach Gerechtigkeit wenn möglich Milde walten lassen.

Wer einen Menschen tötet

5,32: Wenn jemand einen Menschen tötet, ohne dass dieser eine Gewalttat im Lande verübt hat, so ist das, als ob er die ganze Menschheit getötet hätte. Wenn dagegen jemand einem anderen zum Weiterleben verhilft, so gilt das, als ob er der ganzen Menschheit zum Weiterleben verhilft.

Gott machte das Leben unverletzlich

6,151: Ihr sollt euch nicht den schändlichen Verbrechen nähern, weder öffentlich noch geheim. Ihr sollt nach göttlichem Verbot niemanden töten, da Gott das Leben unverletzlich machte, es sei denn, die Gerechtigkeit erfordert es.

Wer einen Gläubigen tötet

4,92–93: Es geziemt keinem Gläubigen, einen anderen Gläubigen zu töten, es sei denn aus Versehen, und wer einen Gläubigen aus Versehen tötet, der soll eine gläubige Gefangene freilassen und seinen Angehörigen ein Sühnegeld zahlen, es sei denn, sie schenkt es als Almosen. Und so er ein Gläubiger ist aus einem für euch feindlichen Volk, so sei die Freilassung eines gläubigen Gefangenen die Buße, ist er aber aus einem mit euch verbündeten Volk, so zahlt er das Sühnegeld an seine Familie und lässt darüber hinaus einen gläubigen Gefangenen frei. Und wer nicht die Mitte findet, der faste zwei aufeinander folgende Monate.

Und wer einen Gläubigen mit Vorsatz tötet, dessen Lohn ist die Hölle. Ewig soll er darin verweilen. Gott zürnt ihm und verflucht ihn und bereitet für ihn gewaltige Strafe.

2,178: Ihr Gläubigen. Bei Totschlag ist euch die Wiedervergeltung vorgeschrieben: ein Freier für einen Freien, ein Sklave für einen Sklaven, eine Frau für eine Frau. Und wenn einem von Seiten seines Bruders, dem die Wiedervergeltung zusteht, verziehen worden ist, so stelle dieser seine Forderung gemäß Billigkeit, und jenem obliege Bezahlung an jenen in schöner Weise. Der ganze Umfang dieser Gesetze ist eine Erleichterung für euren Herrn und eine Barmherzigkeit.

Betretet keine fremden Häuser

24,27: O dir ihr glaubt, gehet nicht ein in Häuser, die nicht eure Häuser sind, bevor ihr um Erlaubnis gebeten und ihre Bewohner begrüßt habt. Solches ist besser für euch, vielleicht lasst ihr euch ermahnen.

Die Vergeltung für die, die auf Erden Unheil stiften

5,33–34: Die Vergeltung für diejenigen, die Gott und seinen Gesandten bekämpfen und Unheil auf Erden anstreben, kann nichts anderes sein, als dass sie getötet oder gekreuzigt oder dass ihre Hände oder Füße wechselseitig abgeschlagen werden oder dass sie aus dem Lande verbannt werden. Dies soll eine Schande für sie in diesem Leben sein und im Jenseits eine gewaltige Strafe.

Ausgenommen sind diejenigen, die bereuen, bevor ihr euch ihrer bemächtigt, denn wisset, dass Gott vergebend und barmherzig ist.

Die Strafe für den, der Unzucht begeht

24,2–4: Was die Unzüchtige und den Unzüchtigen betrifft, so verabreicht jedem von beiden hundert Peitschenhiebe, und nicht soll euch Mitleid angesichts des Urteils erfassen, so ihr an Gott und den Jüngsten Tag glaubt. Und es soll der Bestrafung eine Anzahl der Gläubigen beiwohnen. Der Unzüchtige soll nur eine Unzüchtige oder eine Götzendienerin heiraten, und die Unzüchtige soll nur einen Unzüchtigen oder einen Götzendiener heiraten. Und verwehrt ist solches den Gläubigen.

Und was diejenigen betrifft, welche die züchtigen Frauen beschuldigen und nicht vier Zeugen herbeischaffen können, ihnen verabreicht achtzig Streiche, und nehmt nie wieder ein Zeugnis von ihnen an, denn diese, das sind die Missetäter.

4,15–16: Und wenn welche von euren Frauen Unzucht treiben, so verlangt Zeugen gegen sie, vier Männer von euch; wenn diese die Schandtat bestätigt haben, so haltet sie in euren Häusern zurück, bis der Tod sie hinscheiden lässt oder Gott ihnen einen Ausweg verschafft.

Und was die beiden Schuldigen, Mann und Frau, unter euch betrifft, welche die Schandtat begangen haben, so bestraft sie immerhin, sollten sie jedoch bereuen und sich bessern, so lasst ab von ihnen, Gott ist ja auch verzeihend, barmherzig.

Gott ist vergebend

4,110: Wer etwas Schlechtes tut oder gegen sich selbst sündigt, dann aber Gott um Vergebung bittet, der findet Gott vergebend und barmherzig.

Wer verzeiht, folgt dem Beispiel Gottes

64,14: Wenn ihr verzeiht, Nachsicht übt und vergebt, folgt ihr damit dem Beispiel Gottes. Gott ist barmherzig und bereit zu vergeben.

Weiterführende Literatur

Allgemein

Smail Balić: Islam für Europa. Neue Perspektiven einer alten Religion, Köln-Weimar-Wien 2001

Martin Bauschke: Jesus im Koran, Köln-Weimar-Wien 2001

Gottes ist der Orient – Gottes ist der Okzident. Festschrift für Abdoldjavad Falaturi, hg. von Udo Tworuschka, Köln-Wien 1991

Ibn Ishaq: Das Leben des Propheten. Aus dem Arabischen übertragen und bearbeitet von Gernot Rotter, Stuttgart 1982

Johann-Dietrich Thyen: Bibel und Koran. Eine Synopse gemeinsamer Überlieferungen, 3. Aufl. Köln-Weimar-Wien 2000

Monika Tworuschka: Zu Gast bei anderen Religionen, Freiburg i. Br. 2. Aufl. 2001

Literatur für Kinder und Jugendliche

Monika Tworuschka: Mohammed. Die Geschichte des Propheten, Düsseldorf 2000

Monika Tworuschka: Kinder erleben die Weltreligionen. Ein Abenteuerspielbuch, Bd. 1 (Eine islamische Zeitreise: Auf dem Zauberpferd), Gütersloh 1998

Monika und Udo Tworuschka: Die Weltreligionen Kindern erklärt, Gütersloh 4. Aufl. 2001

Monika und Udo Tworuschka: Der Islam Kindern erklärt, Gütersloh 1999